浙江省哲学社会科学规划一般课题（22NDJC200YB）

本著作得到舟山市社会科学界联合会出版资助

U0744108

共同富裕和数字时代双重背景下

全球海洋中心城市
规划路径发展研究

黄洁清　王余菊　著

浙江工商大学出版社
ZHEJIANG GONGSHANG UNIVERSITY PRESS

·杭州·

图书在版编目(CIP)数据

共同富裕和数字时代双重背景下全球海洋中心城市规
划路径发展研究 / 黄洁清,王余菊著. —杭州:浙江
工商大学出版社,2022.12
　ISBN 978-7-5178-5269-8

Ⅰ. ①共… Ⅱ. ①黄… ②王… Ⅲ. ①城市建设—研
究—浙江 Ⅳ. ①F299.275.5

中国版本图书馆 CIP 数据核字(2022)第 233604 号

共同富裕和数字时代双重背景下全球海洋中心城市规划路径发展研究
GONGTONG FUYU HE SHUZI SHIDAI SHUANGCHONG BEIJING XIA QUANQIU
HAIYANG ZHONGXIN CHENGSHI GUIHUA LUJING FAZHAN YANJIU
黄洁清　王余菊　著

责任编辑	张婷婷	
责任校对	张春琴	
封面设计	周　灵	
责任印制	包建辉	
出版发行	浙江工商大学出版社	
	(杭州市教工路 198 号　邮政编码 310012)	
	(E-mail:zjgsupress@163.com)	
	(网址:http://www.zjgsupress.com)	
	电话:0571-88904980,88831806(传真)	
排　　版	杭州朝曦图文设计有限公司	
印　　刷	浙江全能工艺美术印刷有限公司	
开　　本	710mm×1000mm　1/16	
印　　张	12.25	
字　　数	181 千	
版 印 次	2022 年 12 月第 1 版　2022 年 12 月第 1 次印刷	
书　　号	ISBN 978-7-5178-5269-8	
定　　价	49.00 元	

目　录

表目录

图目录

第 1 章

全球海洋中心
城市的起源

1.1 绪论

在人类历史发展的过程中,海洋的价值属性一直不容忽视。大航海时代以来,葡萄牙、西班牙、荷兰、英国、美国等国家依次通过海洋实现国家强大,进而建设成为世界性强国,里斯本、巴塞罗那、阿姆斯特丹、伦敦、纽约等主要城市也依托海上贸易、海事金融等海洋领域实现巨大发展,成为当时世界知名的海洋中心城市。改革开放后,随着对外交流程度加深和国外海洋航运、海洋贸易、海洋金融等行业的快速发展,中国开始关注海洋经济和海洋相关领域的发展,尤其是进入 21 世纪后,各级政府也开始修订和完善相关海洋政策,特别是党的十八大报告将"建设海洋强国"上升为国家战略,以及 2013 年 10 月习近平总书记首次提出共同建设"21 世纪海上丝绸之路"的倡议,这些举措使得中国海洋发展迎来了新的时期,相关沿海城市也抓住机遇进一步发展海洋相关产业。值得注意的是,在《全国海洋经济发展"十三五"规划》中,特别提出"推进深圳、上海等城市建设全球海洋中心城市",将这两座城市"打造成为'21 世纪海上丝绸之路'的排头兵和主力军","海洋中心城市"这一概念首次出现在政府文件中。截至 2018 年,包括青岛、厦门、大连、汕头、湛江等城市亦根据自身发展需要,相继提出建设区域性海洋中心城市的构想。据统计,目前世界上约有超过 60% 的人口生活在距离海岸线 100 千米以内的范围内,预计到 2025 年,这一比例将会增加到 75%。随着世界范围内对海洋领域的开发程度不断加深,作为汇聚海陆双向空间与资源的区域,海洋中心城市的重要性日益显现。建设海洋中心城市,有利于促进陆海融合发展,提高对外开放水平,甚至可以带动整体国民经济发展,为实现"海洋强国""21 世纪海上丝绸之路"等目标提供引领性的支撑作用。

2017 年 5 月,国家发展和改革委员会与原国家海洋局印发的《全国海洋经济发展"十三五"规划》,明确提出推进深圳、上海等城市建设全球海洋中心城市。2019 年 8 月,《中共中央 国务院关于支持深圳建设中国特色社会主义先行示范区的意见》中提到支持深圳加快建设全球海洋中心城市。目前,已有深圳、上海、广州、天津、宁波、舟山、大连、厦门、青岛等 9 座城市出台相关政策,支持建设全球海洋中心城市。我国海洋中心城市建设有助于打造国内海上支点,推进海上互联互通建设,加快海洋经济合作发展,是落实海洋强国战略和"21 世纪海上丝绸之路"建设的重要举措。

建设海洋强国对推动经济持续健康发展、维护国家主权安全和利益,实现中华民族伟大复兴具有重大而深远的意义。深圳建设全球海洋中心城市,需充分认识历史使命,在现有政策思路下设立更高的目标定位:到 2025 年,使深圳海洋中心城市建设质量和水平位居全国前列,深港共建国际航运中心实现阶段性突破,基本奠定建设全球海洋中心城市的坚实基础;到 2035 年,跻身世界海洋中心城市前列,在亚太地区海洋产业发展和海洋事务领域形成重大影响力;到 21 世纪中叶,全面建成全球海洋中心标杆城市,成为彰显中国海洋综合实力和全球竞争力、创新力、影响力的先锋,能够代表中国在全球海洋治理中体现"中国智慧",贡献"中国方案",发挥"中国作用"。为此,需要按照国际通行的评价指标做好查漏补缺,尽快将海洋产业培育为深圳的支柱产业之一,推动深圳航运业从吞吐量走到影响力,并大力培育深圳海洋文明与文化。

1.2 全球海洋中心城市名字的由来

全球海洋中心城市的概念源于挪威咨询机构梅农经济(Menon Economics)和挪威船级社、德国劳氏船级社(DNVGl)联合发布的《全球领先的海事之都》研究报告。该报告分别于 2012 年、2015 年、2017 年和 2019 年对全球知名的海洋城市进行了四期综合排名。

1.3 我国全球海洋中心城市的发展现状

我国在海洋强国战略与"一带一路"倡议推进下,海洋事业持续平稳发展,经济实力稳步增强。2020 年,虽然我国海洋经济发展面临新冠肺炎疫情和复杂国际环境的巨大挑战,海洋经济呈现总量收缩、结构优化的发展态势,但是主要经济指标持续改善,主要海洋产业稳步回升。我国正在由海洋大国向海洋强国转变,打造一个具有开放性、国际性的全球海洋中心城市是未来我国海洋事业发展的必然方向。目前,我国除了香港特区外,深圳、上海、广州、天津、宁波—舟山、大连、青岛 7 座城市相继提出创建全球海洋中心城市的目标。

1.4 建设全球海洋中心城市的中国实践

在国家的战略部署和相关城市的主动作为下,中国的全球海洋中心城市建设稳步推进,不断取得新的进展。截至 2021 年初,全国已有 7 座城市提出了建设全球海洋中心城市的发展愿景,包括 2 个直辖市(上海、天津),5 个副省级城市(省会城市:广州;计划单列市:深圳、大连、青岛、宁波—舟山),如表 1-1 所示。其中,深圳、上海的全国海洋中心城市战略定位由国家赋予,而天津、广州、宁波、舟山、大连和青岛等地的全球海洋中心城市的发展定位由地方政府自主提出。

表 1-1　我国海洋中心城市的建设概况

序号	城市	目标	时间	发布单位	政策名称	相关内容
1	深圳	全球海洋中心城市	2017 年 5 月	国家发展改革委、国家海洋局	《全国海洋经济发展"十三五"规划》	推进深圳、上海等城市建设全球海洋中心城市
			2019 年 2 月	中共中央、国务院	《粤港澳大湾区发展规划纲要》	支持深圳建设全球海洋中心城市
			2019 年 8 月	中共中央、国务院	《关于支持深圳建设中国特色社会主义先行示范区的意见》	支持深圳建设全球海洋中心城市
			2020 年 9 月	深圳市规划和自然资源局(市海洋渔业局)	《关于勇当海洋强国尖兵加快建设全球海洋中心城市的实施方案(2020—2025 年)》	全文
			2021 年 6 月	深圳市政府	《深圳市国民经济和社会发展第十四个五年规划和二〇三五年远景目标纲要》	"加快建设全球海洋中心城市"专节
2	上海	全球海洋中心城市	2017 年 5 月	国家发展改革委、国家海洋局	《全国海洋经济发展"十三五"规划》	推进深圳、上海等城市建设全球海洋中心城市
			2018 年 1 月	上海市政府	《上海市海洋"十三五"规划》	积极探索建设全球海洋中心城市
			2021 年 3 月	上海市政府	《上海市国民经济和社会发展第十四个五年规划和二〇三五年远景目标纲要》	提升全球海洋中心城市能级
3	广州	全球海洋中心城市	2017 年 12 月	广东省政府、国家海洋局	《广东省海岸带综合保护与利用总体规划》	将广州、深圳建设成为全球海洋中心城市
			2021 年 4 月	广州市政府	《广州市国民经济和社会发展第十四个五年规划和 2035 年远景目标纲要》	"打造全球海洋中心城市"专节

续　表

序号	城市	目标	时间	发布单位	政策名称	相关内容
4	天津	全球海洋中心城市	2019 年 12 月	天津市委、市政府	《关于建立更加有效的区域协调发展新机制的实施方案》	建设全球海洋中心城市
			2021 年 6 月	天津市政府办公厅	《天津市海洋经济发展"十四五"规划》	对标全球海洋中心城市
5	宁波、舟山	全球海洋中心城市	2020 年 3 月	浙江省发展改革委	《2020 年浙江海洋强省建设重点工作任务清单》	建设全球海洋中心城市,由宁波、舟山分别启动推进全球海洋中心城市规划建设
			2021 年 6 月	浙江省政府	《浙江省海洋经济发展"十四五"规划》	联动宁波、舟山建设海洋中心城市
6	大连	全球海洋中心城市	2020 年 4 月	大连市委、市政府	《大连市加快建设海洋中心城市的指导意见》	全文
			2020 年 10 月	大连市政府	《大连 2049 城市愿景规划》	建设大气磅礴兼具时尚浪漫气质的海洋中心城市
			2020 年 11 月	辽宁省委	《中共辽宁省委关于制定辽宁省国民经济和社会发展第十四个五年规划和二〇三五年远景目标的建议》	大连建设东北地区对外开放新高地和全球海洋中心城市
7	青岛	全球海洋中心城市	2020 年 5 月	青岛市政府	《2020 年青岛市政府工作报告》	创建全球海洋中心城市
			2021 年 2 月	山东省政府	《山东省国民经济和社会发展第十四个五年规划和 2035 年远景目标纲要》	支持青岛建设全球海洋中心城市

从海洋空间开发利用来看,全球海洋中心城市建设是海洋强国和"21 世纪海上丝绸之路"建设的重要依托。中国建设全球海洋中心城市的实践与国家的海洋强国重大战略及"21 世纪海上丝绸之路"合作倡议紧密相连。党的十八大做出了"建设海洋强国"的重大部署,十九大又进一步提出"坚持陆海统筹,加快建设海洋强国"。建设"21 世纪海上丝绸之路"是国家海洋强国战略实施

的重要组成部分。2017 年,"推进深圳、上海等城市建设全球海洋中心城市"被首次写入国家发展改革委和国家海洋局联合印发的《全国海洋经济发展"十三五"规划》,凸显了深圳、上海在新时代中国特色海洋强国战略布局和 21 世纪海上丝绸之路合作倡议中的突出地位和作用。深圳是距离南海最近的中国特大型城市和国家创新型城市,在海洋产业发展和海洋科技创新领域具有领先优势。上海拥有中国集装箱航线最多、航班最密、覆盖面最广的港口,国际航运中心是上海推动"五个中心"建设的重要一环。因此,将深圳、上海建设成为具有全球影响力的海洋中心城市,成为国家推进海洋强国建设和"21 世纪海上丝绸之路"建设的关键枢纽门户和重要战略依托。

从区域协调发展来看,全球海洋中心城市建设是增强中心城市和城市群承载力的战略举措。党的十八大以来,党中央先后提出了京津冀协同发展、长三角一体化、粤港澳大湾区等区域协调建设方略,促进区域协调发展。中央财经委员会第五次会议指出,中心城市和城市群正在成为承载发展要素的主要空间形式。在区域协调发展中需要发挥好中心城市和城市群的带动引领作用。深圳和上海不仅是海洋城市,也分别是中国发展水平最高的粤港澳大湾区城市群和长江三角洲城市群的核心城市。2019 年 2 月,中共中央、国务院印发了《粤港澳大湾区发展规划纲要》,对深圳建设全球海洋中心城市进行重大部署,再次提及"支持深圳加快建设全球海洋中心城市"。此后,中共中央、国务院印发的《关于支持深圳建设中国特色社会主义先行示范区的意见》又一次指出,支持深圳加快建设全球海洋中心城市。因此,建设全球海洋中心城市,全力提升深圳、上海作为城市群核心城市的综合承载和辐射带动能力,形成以海洋为特色、以城市群为主体形态的区域增长动力源,是增强中心城市和城市群承载力的战略举措,也是推动区域协调发展的时代要求。

从城市自身的转型发展来看,全球海洋中心城市建设是沿海开放城市进一步开放创新的发展愿景。沿海开放城市是中国对外开放、国际合作的桥头堡。作为我国首批沿海开放城市,改革开放以来,大连、天津、青岛、宁波和广州的经济社会发展都取得了举世瞩目的成就。但进入新时代,沿海开放城市也面临着如何进一步扩大开放和创新发展,从而继续走在前列、引领潮头的压力和挑战。在国家相关部门将"推进深圳、上海等城市建设全球海洋中心城市"写入发展规划后,广东省人民政府就联合国家海洋局在 2017 年 12 月印发的《广东省海岸带综合保护与利用总体规划》中明确指出"将广州、深圳建设成为全球海洋中心城市",这也是第一个由地方政府提出的全球海洋中心城市发展愿景。此后,随着中央对深圳发展定位的不断提升,全球海洋中心城市的理念逐渐被其他沿海开放城市热捧,天津(2019 年 12 月)、宁波(2020 年 3 月)、舟山(2020 年 3 月)、大连(2020 年 4 月)、青岛(2020 年 5 月)等地先后提出了全球海洋中心城市的目标愿景。规划建设全球海洋中心城市是沿海开放城市强化自身对外开放的传统优势,进一步推动开放平台升级优化,从而保持长期繁荣发展的现实需要和战略选择。

1.5　全球海洋中心城市的全球实践

选取排名靠前的城市作为对标案例,可以总结提炼其建设全球海洋中心城市的先进经验。新加坡政府主导优势明显,通过产业转型升级实现了经济飞速发展;伦敦在海洋服务业上一直处于全球领先地位;汉堡通过旅游、会展等营造浓郁的海洋氛围;香港市场主导模式明显,在海洋高端服务上具有国际竞争力;上海在建设国际航运中心方面取得明显成效,对腹地经济牵引作用成效显著。这些城市普遍航运业发达、海洋产业服务业优势鲜明、海洋旅游和文化独具特色,其经验对深圳有重要的借鉴意义。

将海洋发展上升到总体战略层面。由于海洋产业链长、协同性强、投入大、风险高,依靠单一部门或单一区域难以完成各种复杂任务,需要跨部门、全区域统筹协调,围绕共同目标编制规划、推进重点。如新加坡政府通过围填海、开发裕廊工业区,发展临港产业,吸引外国投资,带动高端制造业和服务业。上海在各个阶段都制定了清晰明确的海洋发展目标,起先将其港口定位为区域港口群龙头,后谋划建设国家航运中心和国际航运中心,并通过地方立法提供政策法律保障,将提升基础设施能力与发展服务软环境并举。

发展现代化智慧航运服务是大势所趋。在经济新常态下,全球主要港口积极探索转型升级,总体呈现三大特征:一是港口圈层的智能化运营,如新加坡港口2030战略提出智慧港口,突出智能化操作和运营,上海洋山港已引入全自动化装卸设备和生产管理控制系统;二是腹地圈层的智慧物流运输,如新加坡港的电子商务系统Portnet、汉堡港的DAKOSY信息平台,为物流各参与方提供物流等应用的一站式平台,极大地提高效率;三是城市圈层的智慧城市协同发展,规划、建设和管理一体化运作,如汉堡港针对易北河制定了潮汐能利用和疏浚方案,在港口周围建设节能减排设施和智慧安全的交通管理。

政府大力支持,创造稳定优良的政策环境。建设海洋城市,离不开政府与市场的相互促进。香港恪守"小政府、大市场"原则,是市场主导型的典型代表;新加坡则秉持"政府搭台、市场唱戏"方式,是政府主导与市场驱动相融合的典型模式。政府创造稳定优良的政策环境、服务环境和法治环境,帮助海洋企业释放自主创新能量、促进产业集群集聚、提升涉海投资效率、促进产学研融合。

以自贸区为依托,港城联动发展。世界主要航运中心的航运业都与自贸区联动发展,以充分发挥自贸区的政策优势和港口的区位优势,拓展各自服务功能和服务能级。全球著名海洋中心城市,最初均以自贸区为依托开展国际贸易转口和配套服务,奠定海上枢纽地位。20世纪,香港借助"自由港"政策极大地降低了海事成本,带动航运业快速发展。汉堡港发挥区位优势,在港口范围内提供了世界上最大的免税区域,不仅可以保税仓储,还可以转运、处理(包装、改装、量重、抽样、混合、加工等),并允许企业从事加工、提纯、精炼等生产业务,极大地提升了港口的吸引力。

发挥产业集聚效应,发展海洋新兴产业。海洋产业集群有利于延长产业链、提升产业链附加值、深化产业链的国际化程度,夯实海洋经济产业的服务需求基础。新加坡在几十年里经历多次经济转型,最后迅速发展成为全球航运中心、第四大国际金融中心、世界第三大炼油中心、国际船舶燃料供应中心和亚洲海工装备制造重要基地,这都得益于其对滨海区位和海洋资源的极致利用。除直接依托港口和贸易、石油资源提炼外,新加坡在海工装备、涉海金融服务等新经济领域的工作,将传统海洋经济升级至科技和服务业驱动的高级阶段,使海洋经济成为新加坡的核心驱动力。

重视打造海洋文化品牌,提升城市"软实力"。全球著名海洋中心城市在海洋文化品牌上都具有较高的国际知名度和美誉度。一方面,重视海洋旅游、节庆项目的整体策划和包装推介,如汉堡培育港口节、邮轮日,使得海洋旅游节庆与海洋经济发展相互促进。另一方面,坚持举办国际海事大会和海事展,形成长久品牌,如新加坡、汉堡的海事展都已举办多年,影响广泛。

1.6　世界主要海洋中心城市的类型及主要领域

国内外海洋中心城市建设经验,综观国内外海洋中心城市的选择和建设,大多选取已经具有一定中心城市职能的海洋城市,这些城市既包括传统的海运和金融中心伦敦、纽约等,也包括 20 世纪以来新兴起的新加坡、迪拜等。新兴海洋中心城市借助全球性工业化和城市化的推动,开始拥有区位便捷、腹地广阔等发展优势,而部分传统的海洋中心城市由于工业化和城市化的发展滞缓,也面临着产业转型、人口流失、环境恶化等问题。因此,选取 9 座国内外公认发展和转型良好的海洋中心城市,结合这些城市某些海洋领域的发展优势及存在的问题,依托相关理论基础,结合海洋管理和服务、经济金融与贸易、生态环境与资源、海洋旅游与文化、科教工业和创新 5 个主要领域,重点研究这些城市海洋优势领域的建设经验,如表 1-2 所示。

表 1-2　重点研究这些城市海洋优势领域的建设经验

城市	中心类型	主要领域				
		海洋管理与服务	经济金融与贸易	生态环境与资源	海洋旅游与文化	科教工业与创新
新加坡	海洋航运中心	设立了全球第一个拥有一流审讯设施和一体化替代性纠纷解决（ADR）综合机构——麦士威议事厅；依托繁忙的港口业务，吸引约5000家海事专业公司拓展业务	拥有世界第四大船队，并管理世界第二大船队；设立海事信托基金和海运金融激励计划，建立"新加坡综合网"，提供贸易运作平台	成立环境部，在港口项目运作前进行环境影响评估(EIA)，颁布海事绿色倡议，包括船舶、港口、科技、意识与能源	提出"旅游经济无止境"理念，致力于花园城市建设，因地制宜发展圣淘沙、夜间动物园、金沙空中花园等人工开发景点	设立"研究、创新和创业理事会"，海工企业在海洋张力腿式平台、独柱式平台、浮式生产储运系统和超大型浮式海洋结构物等领域均具有领先地位；拥有世界最大专注于海事技术的上市公司
伦敦	海洋金融中心	有丰富的海事遗产，海洋法律体系完善，海事仲裁在全球具有主导地位；船舶经纪占世界的40%；拥有LMAA、CIA等著名的仲裁机构和调节组织及广泛参与商事仲裁的行业协会制度	海事保险和船舶融资分别占世界的62%和10%；金融业从业人员规模世界排名第一	以绿色、低碳的设计理论为准则，对城市的绿化工程进行合理布局，增加城市公共绿地空间；在空气质量监测、废弃物处理、防止噪声、污染治理等方面实施严格措施；拥有市级自然保护地130多处	—	拥有以格林尼治大学海事研究所、米德尔塞克斯大学海商法研究中心为主的全球著名的航运服务教育研究中心；拥有世界领先的航运服务教育，其中船舶经纪、海上保险领域全球排名第一

城市	中心类型	主要领域				
		海洋管理与服务	经济金融与贸易	生态环境与资源	海洋旅游与文化	科教工业与创新
奥斯陆	海洋科技中心	全球第一家为石油和散货运费衍生品提供交易的场所——国际海运交易所（IMAREX）；船东、保险和船级社数量均居挪威首位，在国际上具有明显竞争力	向海洋企业提供了充足的出口信贷和保险支持，形成了以海洋油气为核心、海洋经济与金融配套服务为翼展的新兴海洋产业集群，形成了全球性的海洋经济与金融知识创新中心	建立气体排放削减机制，以削减船舶温室气体排放；鼓励公共机构在购买船舶公司的运输服务时考虑环境方面的要求，并制定鼓励绿色船舶的行动方案	拥有四个航海博物馆，用丰富的实物和翔实的史料，展示了挪威的航海历史	设立了挪威海洋技术中心，制定海事研究与创新战略，并对具有重要价值的海事相关技术研发和社科研究给予了实质性的资金支持；推进海洋职业化；DNVCL集团是世界领先的海事研发公司
纽约	海洋贸易中心	美国东海岸最大集装箱港	纽约联邦储备银行是当前资本主义世界最大的黄金储备机构；生产性要素全球配置中心	建立港口环境管理体系（EMS），进行绿色港口建设	—	纽约州立大学海洋科学研究中心设有生物、化学、地质、物理海洋学和海岸带管理及渔业管理等研究机构，在美国各海岸州立大学海洋研究机构居于领先地位

城市	中心类型	主要领域				
		海洋管理与服务	经济金融与贸易	生态环境与资源	海洋旅游与文化	科教工业与创新
迪拜	海洋能源中心	中东最大自由贸易港；规范海港服务，将杰贝阿里港与拉希德港合并成立迪拜港务局	将谢赫扎耶德大街规划为金融中心，海湾地区金融中心；建立杰贝阿里、机场等自由贸易区，商业活动可不遵守海关和立法机构的相关约束	举办"迪拜海洋峰会""蓝色经济峰会"，讨论如何应对海洋环境恶化带来的挑战，实现可持续发展，发展海洋蓝色经济	大规模填海造岛扩岛，建造人工沙滩和一系列旅游设施，如世界第一家七星级酒店——帆船酒店，以及世界第一高楼——哈利法塔；举办"迪拜购物节"和"迪拜旅游展览会"	拥有世界最大的"IP"电话系统；超过835家跨国科技公司和3.5万名高科技人才在此集聚
汉堡	海洋航运中心	拥有世界第三大船队及世界最大船舶领域专业展览会：SMM海事展；船舶入级检验行业位居世界前列；汉堡港CAT现代化管理系统具有专业知识、恰当的储存和运送方式	在经济转型中保留港口产业，并基于对本地资源和技术优势的利用发展新兴产业，主要经济结构已从航运等劳动密集型转变成信息产业和现代服务业	建立港口新城，制定包括污染治理、土地利用、环保交通、低碳供热和建筑节能在内5个方面的生态规划策略；政府提供资金治理易北河污染；对海上溢油肇事者追究责任并罚款	发展工业旅游和港口观光旅游业，保护代表性工业遗产，如"仓库街"；游艇码头等相关配套设施位于世界前列；拥有世界上可以航行的最大的船上博物馆"圣地亚哥角"号	启动德国首批集群倡议计划，旨在将其打造成欧洲创新之都；以汉堡—哈堡科技大学为主，培养从事科学发现和技术发明的研究型和研制型人才；在汉堡国立水文学研究所成立海洋保护计算中心

城市	中心类型	主要领域				
		海洋管理与服务	经济金融与贸易	生态环境与资源	海洋旅游与文化	科教工业与创新
上海	—	上海航运交易所是中国集装箱班轮运价备案中心和中国船舶交易信息中心;海事仲裁案件数量占中国90%;通过"互联网＋"技术,"e卡纵横"集卡服务平台,提升服务效率和品质	集装箱吞吐量位居世界第一;海洋生产总值占中国海洋生产总值的11.0%	对杭州湾北岸奉贤段和金山段海洋生态环境整治进行修复,建设浦东滨海生态安全防护带;建立海洋生态制度,划定生态红线区;完善港口等废水和固体垃圾接受处理设施;建设海洋环境监测站网	—	拥有25家涉海高校和科研院所和拥有船舶与海洋工程、河口海岸、海洋地质等海洋领域的3个国家重点实验室以及一批国家"863""973"海洋项目学科带头人和海洋科技专业人才
深圳	—	发挥深圳证券市场对优秀涉海企业的集聚作用,发展海洋保险服务,培育海洋保险与再保险业务	鼓励有条件的银行业金融机构设立海洋经济金融服务事业部	对海洋资源集约进行节约利用,建立陆海联动的污染治理机制,提升海洋生态系统服务价值,构建世界级绿色活力海岸带	彰显海洋文化特色,建设国际滨海旅游城市	发展海洋电子信息设备和海洋信息服务产业,在海洋大数据获取、分析、应用能力等方面推动海洋信息服务产业升级;引导海洋新技术转化应用和海洋新产业、新业态培育

1.7 当前中国建设全球海洋中心城市面临的机遇与挑战

当前中国建设全球海洋中心城市面临良好机遇，这也是多个城市先后提出建设全球海洋中心城市设想的重要原因。从国际海洋经济发展趋势来看。国际海洋经济兴衰同世界经济发展的总体格局息息相关。20 世纪 90 年代至今，亚洲地区经济发展势头良好，尤其是东亚地区发达的制造业为海洋经济发展创造了良好条件；亚洲多个国家高度重视海洋经济，世界海洋经济重心有向亚洲转移的趋势，包括船舶工业等传统海洋产业和海洋工程装备制造、海洋金融等海洋战略新兴产业都在亚洲蓬勃发展，这为亚洲地区成为国际海洋经济中心创造了历史机遇，多个亚洲临海城市在全球海洋发展竞争中占有重要地位。《2019 年全球海事之都》报告中的航运中心指标排名中，新加坡、中国香港和中国上海 3 个亚洲城市进入了前五名，而 2017 年的前五名都是欧洲城市，这在一定程度上反映了上述趋势。从国内海洋经济发展来看。建设"海洋强国"成为国家战略，发展蓝色经济成为解决经济结构性问题、寻求经济新动能的重要选项。党的十八大报告提出了"提高海洋资源开发能力，发展海洋经济，保护海洋生态环境，坚决维护国家海洋权益，建设海洋强国"的战略部署，党的十九大报告提出了"坚持陆海统筹，加快建设海洋强国"。2013 年 7 月 30 日，习近平总书记在中央政治局建设海洋强国研究的集体学习中强调，建设海洋强国是中国特色社会主义事业的重要组成部分，要进一步关心海洋、认识海洋、经略海洋，推动我国海洋强国建设不断取得新成就。围绕海洋强国建设，政府相继出台多项政策，逐步形成政策体系。党中央提出的建设"21 世纪海上丝绸之路"得到国际社会的积极响应，国际海洋合作开展得如火如荼。这都给中国发展海洋经济和建设全球海洋中心城市提供了机遇。从提出建设全球海洋中心城市设想的城市本身来看,也都具备了一定基础,展现了一定潜力。近年来,上海、深圳、青岛、广州等城市的海洋经济增速较快,海洋经济在城市经济中的地位不断提升,已成为拉动城市经济发展的引擎。有研究表明,中国东部沿海地区的海洋产业增加值每增加1%,可拉动陆域产业子系统增加4.7万个就业机会,拉动效应为1∶1.28。海洋产业集聚水平有所提高,海洋战略新兴产业和服务业快速发展,逐渐形成了海洋支柱产业。这些城市都有具备一定国际竞争力的港口,与腹地形成了较强产业关联,在区域对内合作和对外开放中发挥着重要作用。

当然,中国建设全球海洋中心城市更有着诸多挑战。一方面是城市自身的不足,如海洋战略新兴产业的规模和竞争力仍不足;海洋科技创新能力与国际领先水平差距较大,缺乏海洋高端人才、专业服务体系、国际化商业环境等建设全球海洋中心城市的软件要素等。另一方面则是当前及未来一段时间面临的外部环境的重大变化。2020年4月,习近平总书记在中央政治局常委会上指出,"面对严峻复杂的国际疫情和世界经济形势,我们要坚持底线思维,做好较长时间应对外部环境变化的思想准备和工作准备"。同年5月14日,习近平总书记在中央政治局常务委员会上首次提出,"要深化供给侧结构性改革,充分发挥我国超大规模市场优势和内需潜力,构建国内国际双循环相互促进的新发展格局"。"十四五"规划对上述两点再次重申和强调。此论断表明,中国发展将面临外部宏观环境长期、阶段性变化,这些变化对全球海洋中心城市地建设提出了新标准和新要求,必须与时俱进、实事求是地研究和判断相关变化,并采取对应措施。当前外部环境的重大变化主要指的是以美国为首的西方发达国家通过发动贸易战等措施实施逆全球化,叠加新冠肺炎疫情对全球经济社会的巨大冲击,正在导致已稳定运行数十年的国际经贸运行机制和模式面临重构,全球合作面临困境,进而导致全球化走势发生重大逆转。20世纪90年代以来的快速全球化开始转向慢速全球化,全球经济增长、国际合作和城市发展等各方面都将展现出与以往不同的特点。在全球经济增长和国际合作方面,逆全球化和疫情迫使国家和企业将安全作为开展国际经济合作和产业布局的重要考量因素。世界主要国家都在追求国际贸易的均衡,增强经济自主发展能力,降低对外部的依赖。发达国家经济政策展现出本土化趋势,对外投资更加审慎,管控核心技术出口,推进制造业回归。企业以安全为重要原则重新调整全球产业布局,正在引发新一轮产业分工竞争。在逆全球化倒逼下,新兴经济体被迫大力构建更为安全自主的经济运行模式,实施本土化经济政策,注重以本土力量影响国际循环,同时被迫在部分核心技术领域与发达国家展开直接竞争。这同时导致全球垂直的产业分工格局和全球要素直接流动的贸易格局,分别转变为多中心产业分布格局和区域内贸易不断加强的贸易格局。国际经济合作趋缓,不利于全球经济增长。同时,虽然新冠肺炎疫情对世界经济增长产生强烈冲击,但疫情对硬件冲击有限,因此疫情后的恢复期不会出现创伤后重建红利。

综合上述因素,未来几年全球经济增长不容乐观,经济总量短期下降,全球总需求和大众商品价格长期震荡,经济复苏缓慢的概率较大。这些变化将使中国开展国际经济、科技等领域合作的难度加大。为适应新变化和新环境,中国的对外开放策略正在做出相应调整,总体调整方向是"构建形成以国内大循环为主体、国内国际双循环相互促进的新发展格局"。这一方面需要中国通过进一步完善相关体制机制,营造顺畅高效公平的市场环境,强化本土市场对国际合作的影响和两者之间的互动;另一方面需要将吸引和配置国际要素内化为中国自身竞争力,形成自主可控的价值链,将提升中国在全球价值链中的地位作为对外开放的新目标。这就要求中国开展对外开放的主体,无论是城市还是企业,都需要据此调整工作方向和思路。在城市发展方面,逆全球化和疫情背景下,世界主要城市将在新一轮以安全为导向的产业布局调整中展开直接竞争,实体经济与虚拟经济均衡发展、创新体系和人才集聚能力强的城市将在竞争中占据优势。疫情导致人们对城市的安全性更加重视,应急反应能力更强和相关基础设施更完善的城市将对人才形成更大的吸引力。逆全球化和新冠肺炎疫情导致国际体系中各主体力量对比发生一定变化,各国国际合作意愿降低,政府间合作难度加大,以城市为代表的民间力量将在全球互动中扮演更活跃的角色。逆全球化导致技术、人才等部分国际要素流动受阻,客观上需要城市功能做出相应调整,要在打通国际要素流动阻塞方面起到积极作用。这些变化要求中国各城市在建设全球海洋中心城市的过程中不断与时俱进、应势而动,主动做出变化,适应新环境。各城市的相关调整须与中国新一阶段对外开放的总体战略相协调,成为总体战略的有机组成部分,承担相应的战略使命。首先,各城市要成为促进中国形成双循环新发展格局的推动者。在建设全球海洋中心城市过程中,一方面,要继续在对外开放中发挥门户作用,成为中国吸引高质量外部资源进入的枢纽;另一方面,要发挥引导资源在国内高效流通与配置,推动国内市场升级,成为能以需求侧影响国际市场的驱动者。其次,在国际科技要素,尤其是核心技术合理流动受限的情况下,各城市在建设全球海洋中心城市过程中要努力成为中国海洋科技创新策源地,形成自主科技创新和应用体系,并以此为核心驱动力,形成具有国际竞争力的高端海洋产业和相关产业链。最后,各城市在建设全球海洋中心城市过程中,对外开放的功能、目标要根据中国总体对外开放战略的调整而调整;相比以往,在开放功能上,要更侧重构建兼顾国际和国内两方面的信息、人员及物资服务体系;在对外开放领域上,要更侧重能够有效提高中国在国际海洋价值链地位的领域;在对外开放对象上,要实施兼顾发达国家、"一带一路"国家及其他发展中国家的更均衡的全方位开放策略。

1.8　国内外专家学者的研究

近年来,围绕"全球海洋中心城市"建设,深圳市规划和自然资源局(市海洋渔业局)邀请全球专家参与,广泛听取各界意见,开门编制高水平规划。众多具有全球性、综合性、战略性、长期性、创新性的建议,为推动深圳海洋事业高质量发展,提供了决策参考。相关策略梳理如下:

研以促产,打造国际海洋科技自主创新及成果转化中心。加强海洋科技自主创新,形成源头创新持久竞争力。强化成果转化驱动,打通产学研用创新链条。在深圳建立国家级海洋科技转化中心，加速产业化转化。突出科技创新的重点体系建设，引入顶级大学、科研机构合作，提供产权保障和技术攻关的政策扶持，等等。

统筹联动，建立高层次海洋人才培育体系。依托国际海洋行业联盟，推行"人才＋项目"的模式；完善科技成果转化制度，引导更多跨领域的人才下海。建立海洋跨学科研究中心，加强复合型海洋人才培育，构建"海洋大学＋特色学院＋蓝色职校"（1＋X＋N）的海洋高等院校体系。

提质增效，建设全球蓝色经济综合示范区。打造大湾区智慧港平台，实现港口运作智能化、港航管理智慧化。加强与中国香港在国际航运、海洋金融、海上保险和海事仲裁等方面的合作，打造世界一流的枢纽港。提升金融支持海洋经济发展，推动航天卫星通信、北斗导航、光纤通信、无人机等陆域电子信息产业"下海"，培育一批海洋电子信息装备技术龙头企业。

绿色发展，树立"碳中和"的海洋发展典范。瞄准"碳中和"发展目标，率先探索海上风电、潮汐能等新能源核心技术，参与制定清洁能源利用的相关标准。开展红树林、珊瑚礁等海洋生态环境的保护、修复和技术攻关。严管严查海上排污倾废，改善海洋环境质量。推动海洋"零碳、负碳"技术应用，开展海洋可再生能源开发技术研究，搭建海洋生态环境监测网络，打造生态环境的智慧化系统。

文化引领，建设全球城海文明和谐典范。引领滨海旅游再升级，打造全球海洋文化 IP，强化全球海洋链接，强化深港同源、湾区互联的文化价值认同。依托"海上丝绸之路"、面向南海，搭建海洋国际交流传播舞台。打造国际海洋文化交往门户、全球文化艺术交流中心，塑造海洋文化高地。

集聚资源，积极推动城市间协同合作。引进国家级重点实验室、工程技术中心等一批国家级涉海战略资源，打造国内城市海洋科技的市场转化平台。推动湾区协作，广深双城联动，建立海洋产业联盟。加强深港合作，重点发展涉海金融交易、法律仲裁、船舶管理等海洋高端服务领域。

服务国家战略，深度参与全球海洋治理。以"海上丝绸之路"为支点，服务南海战略，深耕前沿领域，搭建国际交流平台，引进国际组织驻华机构，深度参与海洋治理协作事务,组织参与国际性海洋学术会议,构建全球"蓝色伙伴关系"。

城海交融,全方位为海洋事业提供空间支撑。将陆海协调发展融入城市空间规划和发展建设,整合科技、经济、生态等各方需求,形成湾区对接、差异化发展、陆海一体的空间布局。

深化创新,构建海洋城市开放新格局。创新航运制度,提升航运发展能级,推进贸易投资便利化。创新金融服务,探索建立以人民币计价的大宗商品市场、保险租赁服务支撑体系、海事仲裁法律保障机制。深化"放管服"改革,打造国际一流的海洋营商环境。

健全机制,完善政府公共服务职能。进一步健全海洋公共服务职能,建立立体监测预报体系和资源共享共建机制,完善海上安全监管和救援体系。

从表面上看,"全球海洋中心城市"是比国家中心城市更高层级的概念定位。这个概念由北京大学汇丰商学院张春宇博士首次提出,他认为,只有符合这六个要求的城市,才有资格成为"全球海洋中心城市":是全球航运中心,港口物流业发达;是全球海洋科技中心;具有完备的海洋金融、海事法律等高端海洋服务业;具有宜居宜业的城市环境,能够吸引国际高端人才;具有突出的区位优势,城市发展后劲大;同时,在全球海洋治理中扮演重要角色。

1.9　海洋中心城市的研究方法与指标体系

海洋中心城市是一种包含经济、文化、生态、科教、管理等多方面要素的城市类型。因此,海洋中心城市的相关评价指标亦需涉及这些要素。部分学者分别在海洋城市和中心城市领域相继进行量化研究,运用一系列方法建立众多指标体系。这些指标体系一方面注重的是城市综合实力的评价,如经济、文化、居住、环境和交通;另一方面注重的是核心功能的综合评价,如金融中心城市中的金融活动指标,海事中心城市中的航运服务指标,但目前由于研究程度所限,对这些指标体系多侧重于城市的某些海洋特征(表 1-3)或中心特征(表 1-4),缺乏相对完备全面的海洋中心城市综合性指标体系。尽管如此,仍可以从这些指标中,根据目前对海洋中心城市的相关研究,借鉴部分学者对城市研究的分类方法,选择并完善与海洋中心城市有一定关联的两种类型城市相关指标,归纳并筛选出海洋中心城市的相关指标体系。在海洋中心城市的评价指标中,一类是城市的海洋特征,即城市的海洋特色领域,如海洋科技、海事服务、海洋金融等;一类是城市的中心指标,即综合性评价,如经济水平、产业结构、基础设施等。

表 1-3 海洋特征主要评价指标体系

文献来源	主要方法和模型	主要指标
刘恒等(2012)	层次分析法(AHP)	海洋经济、海洋生态、海洋文化、滨海城市景观
柴寿升等(2013) 狄乾斌等(2014)	专家调查法、熵值法	海洋文化资源、海洋文化产品、海洋文化服务、城市形象
覃雄合等(2014)	信息熵分析模型、协调发展模型、代谢循环模型	海洋生态环境、海洋代谢系统、海洋循环系统
岳奇等(2015)	区划实施评价法	海洋区划目标完成情况、海洋区划措施落实情况、海域使用符合性、区划实施的总体成效
王泽宇等(2015)	海洋经济转型成效测度法	海洋经济发展度、海洋经济转型度、发展条件支撑度、海洋产业就业度、资源利用集约度、生态环境响应度
孙静等(2016)	Z-score 法、层次分析法、熵值法、综合权重法	海洋旅游资源、海洋旅游发展现状、海洋旅游的发展潜力
挪威梅农经济研究所(2017)	几何平均法、专家访谈建议法	航运中心、航运金融与法律、海事技术、港口与物流服务、吸引力与竞争力
凯文(Kevin)(2017)	—	海洋科学利用程度、邻近组织和网络、海洋研究基础设施规模、海洋创新政策与制度
胡军华等(2018)	综合指数分析法	海洋生态压力、海洋社会人口、循环经济
张帅(2018)	—	海洋经济竞争力、海洋城市吸引力、海洋城市发展力
孙剑锋等(2018)	BP 神经网络模型	海洋资源禀赋、海洋生态环境、海洋文化建设、海洋经济发展、海洋制度管理
孙(Sun)等(2018)	框架空间功能分区法	自然生态、资源环境、经济社会

表 1-4　中心特征主要评价指标体系

文献来源	主要方法和模型	主要指标
冯德显等（2006）	层次分析法（AHP）、断裂点模型分析法	经济综合实力辐射力、产业辐射力、开放辐射力、科技辐射力、企业辐射力、基础设施辐射力、人力资源辐射力
刘艳军等（2006）	层次分析法（AHP）、线性加权和法	空间集聚水平、经济增长水平、社会发展水平、基础设施水平、生态建设水平
吴良亚（2010）	因子分析法、主成分分析法	城市化率、中心城市人口规模、国内生产总值、全社会固定资产投资
陈鸿彬等（2010）	主成分分析法	经济发展力、社会进步力、功能竞争力、设施环境力
朱翔等（2011）	投影寻踪模型	综合经济实力、交通通达能力、物流与信息交流能力、开放能力、发展环境与潜力
田美玲等（2013）	主成分分析法、空间分析法	管理集聚职能、引领辐射职能、城市服务职能、综合枢纽职能、生态文化职能
王金营等（2018）	区域人力资本聚集模型、空间效应模型	中心城市吸引力、产业集聚状况、教育投入力度、收入状况、医疗卫生条件

因此，参考已有研究，将海洋中心城市评价指标中的海洋特征进一步细分为海洋自然地理条件、海洋管理和服务、经济金融与贸易、生态环境与资源、海洋旅游与文化、科教工业和创新 6 个主要领域；由于研究方法的差异，中心特征的各项指标默认均具有辐射和集聚特征，如表 1-5 所示。

表 1-5　海洋中心城市海洋与中心特征相关评价指标体系

特征	分类	指标
海洋特征	海洋自然地理条件	城市海岸线长度、管辖海域面积、城市几何中心距最近海岸线距离等
	海洋管理与服务	上市海事公司数量、保险费、海事法律机构数量、海洋制度体系完善度、海洋信息公开率等
	经济金融与贸易	海洋生产总值、主要海洋产业产值及增长率、海洋经济密度、海洋开发效率、海洋第三产业比重、海岸线经济密度、海洋产业多元化程度、海域货物和客流周转量、港口货物吞吐量、航运公司总部数量和总市值、港口邮轮停靠量、码头长度、外贸依存度等
	生态环境与资源	万人拥有滨海湿地面积、万人拥有渔业资源量、每公里海岸线入海工业废水排放量、入海废水达标率、百万元海洋生产总值能耗、海洋污染项目治理数、环保投资占 GDP 比重、海洋类自然保护区面积等

特征	分类	指标
	科教工业与创新	海洋科研机构数量、海洋科技人员比重、海洋机械化水平、科技教育投入力度、海洋相关专业本专科毕业人数、海洋相关专业博士点、海洋科技人员素质、海洋科技成果应用课题等
	海洋旅游与文化	海洋文化遗址数量、海洋传统文化保护强度、海洋文化宣传力度、滨海旅游外汇收入、海洋主题公园和星级饭店数、旅游者总人次、涉海文化从业人数、文化事业拨款、文化基建投资、滩涂和海滩适宜度等
中心特征	辐射和集聚	GDP、人均GDP/GDP增长率、第二、三产业增加值占GDP比重、限额以上工业企业单位数、实际利用外资金额、进出口总额、规模以上工业总产值、客货运总量、国内外旅游人数、人均消费水平、固定资产投资、社会消费品零售总额、国际旅游收入、高等学校数量、普通高等学校在校人数、年末金融机构各项贷款余额等

接下来,将海洋特征的六大领域进一步展开分析。

海洋自然地理条件是海洋中心城市发展的关键性影响因素。狄乾斌等(2016)认为,城市向外的拓展理所应当地顺应地理自然条件的实际情况,以取得城市利用自然的效益最大化,而海洋却以便利的海洋交通运输、丰富的海洋资源、优美的海洋景观、繁荣的临港产业等方式参与到沿海城市的发展中来,在生活方式、经济发展、文化科技等不同维度拓展了城市的空间。因此,海洋中心城市的发展必须顺应海洋的自然地理条件。

海洋管理和服务反映了所在城市对营商环境的重视程度,是海洋中心城市发展的基础。良好的营商环境包括健全的法律体系和管理模式、一流的服务和规划水平、公正的执行力和保护力等。其中,法律是现代海洋服务业的代表性行业,是"全球海洋中心城市"的核心竞争力,完善的法律体系离不开政府力量的管理支持。营商环境的提升有利于吸引更多海事企业到此落户,提升城市的集聚能力。

经济金融与贸易作为海洋中心城市发展最重要的领域之一,其发展实力反映了所在城市的海洋产业的生产规模和发展水平。金融和贸易的集聚一旦形成,会持续带来集聚地及周边地区经济的增长、投资的繁荣和产业的扩张,创造大量的就业机会和财政收入,进一步促进资源在全国甚至全球范围的配置。

生态环境与资源是可持续发展的基础。对海洋资源的掠夺式开发及海洋保护体制不健全,导致近海海洋生物多样性锐减、海洋环境污染、海洋灾害频发等一系列生态环境问题,已成为影响沿海地区经济社会健康有序发展的重要因素。合理利用海洋资源,提升海洋生态能力已成为未来海洋中心城市发展的重心。同时良好的生态环境也会吸引众多对环境要求较高的海洋高端产业,进一步提升所在城市的海洋领域的竞争力。

科教工业与创新反映了所在城市对海洋科学技术的发展程度,包括研发、教育、创新等方面。科学技术是第一生产力,创新性的科学研究可以为后期海洋相关领域发展不断提供技术支持,并且进一步吸引高端人才集聚于此。Menon Economics(2017)认为,城市的集聚作用导致人、公司和投资的流入,可以进一步促进城市中活跃的知识创造和创新,进而创造知识外溢并孕育新想法和新技术。

海洋旅游与文化具体包括以所在城市具有的海洋旅游资源为核心的海洋旅游业和以当地居民对海洋的认知感和认同感为核心的海洋文化。同时作为一种经济效益高的新兴产业,海洋文化业和旅游业在未来城市经济发展过程中也可提供持续的动力。由于数据可得性的限制,部分指标在某些情况下难于进行定量的研究,因此,以上评价指标体系仅在理想条件下为未来海洋中心城市研究与建设提供一定的借鉴意义。在未来实际的指标体系构建过程中,研究者需要根据当地实际情况,归纳和筛选适当的指标进行计算与分析。

1.10　目前面临的问题

自大航海时代以来,依托海洋就是众多中心城市兴起发展的重要因素。随着我国经济不断发展,加上国家层面对海洋的重视力度不断加深,海洋中心城市的研究也逐渐兴起。虽然这些研究的领域相对丰富,涉及地区相对较多,但与其他相对成熟的城市类型研究相比,海洋中心城市的相关研究仍存在一些问题,具体包括:

具体概念与内涵模糊,研究多依托现有政策内容。部分国内外学者和研究机构虽根据一些国内外对世界主要海事城市、航运城市的评估报告,选取了这些城市的相关指标和发展领域,提出海洋中心城市的概念,但更多有关海洋中心城市的内容多出现在各级政府的工作报告和未来规划等文件中,同时这些文件大多只针对某几个与当地发展有关的领域进行阐述和规划,如上海侧重航运领域、深圳侧重科研领域。学术界的相关研究亦根据这些文件内容默认海洋中心城市概念与内涵,并进行简要研究,学术价值有限,对海洋中心城市的具体概念和内涵尚需要权威性和规范性的标准。

国外研究进展对国内目前发展参考价值有限。目前国内海洋中心城市建设大多处于起步阶段,工业化和城市化进程尚有一定发展空间,重点发展领域多为海事管理、经济金融、港口贸易等传统方向。而国外发展较好的海洋中心城市,由于发展历史相对悠久,工业化和城市化水平普遍极高,目前城市发展处于成熟期和转型期,有关科技创新和生态保护等新兴领域研究相对较多,如汉堡等城市,20 世纪 60 年代即完成城市的工业化并开始衰退,城市的发展进入转型阶段。这也导致国外学术界的研究多从生态学、环境科学等角度入手,探寻城市发展的转型过程,这些角度对国内的参考价值相对较小。不少国内学者为获取国外海洋中心城市建设发展的一手资料,甚至到城市所在地进行实地调研。

多根据某一或多个学科进行研究,整体性、系统性、交叉性研究相对较少。海洋中心城市是一种涉及地理学、经济学、管理学、生态学、社会学等多学科领域的城市类型。虽然国内外对海洋城市或中心城市的研究领域较为丰富,但学科上或单独从海洋经济、资源经济等经济学角度,或单独从自然保护区建设、海洋污染等生态学角度,或单独从旅游文化等人文地理学角度进行分析,学科之间的综合性、系统性、交叉性的研究相对较少,限制了研究的深度和广度。

　　研究内容以定性描述为主,对内部作用机制等定量分析涉及较少。目前国内虽有对国外先进海洋中心城市的建设与发展的经验报告,但多从经济、贸易等角度进行定性描述和框架分析,导致对发展因素、演化方式、变化规律、耦合关系等方面的定量分析几乎空白,使得研究的说服力大幅下降,难以形成具有规律体系的研究成果。即使有一定数量对海洋城市和中心城市的定量研究,也由于缺乏整体性、系统性、交叉性的研究,很难将其定量研究的结论合理运用在海洋中心城市的研究与建设中。

　　指标体系不完善,部分指标无法适用。目前海洋城市和中心城市的研究相对丰富,相关研究领域选取的指标体系也日益完善,但缺乏将两种城市类型综合考虑的指标体系,两种城市类型指标体系缺乏弹性和联系性。已有的指标体系多从经济、生态、文化、人口等角度进行研究,同时中心城市的部分指标,如人均卫生支出、建成区土地面积等,并不适用于海洋中心城市的研究,需要进一步比对筛选,因此,两种城市类型结合后指标的权威性和通用性尚待完善。

chapter 02

第 2 章

全球海洋中心
城市的内涵

全球海洋中心城市其实是一张含金量颇高的世界级名片。

一个城市成为全球海洋中心城市,便意味着这个城市在全球海洋治理中将扮演重要角色,在海洋科研、高端服务等领域发挥引领作用,对海洋产业转型升级,促进海洋经济健康发展有着极大的推动作用。从这个角度而言,全球海洋中心城市是一个范畴更广、影响力更大的概念定位。随着全球海洋开发的逐步深入,全球海洋中心城市已经成为海洋城市参与海洋治理的重要平台载体,以及体现国家在海洋开发领域话语权和影响力的重要标志。

2.1 "全球海洋中心城市"的战略由来

海洋城市发展是我国改革开放的缩影,历经经济特区和沿海开放城市、海洋经济试点城市和海洋经济强市,再到全球海洋中心城市三个阶段。建设全球海洋中心城市是我国海洋战略演进的时代命题。第一阶段,建设经济特区和沿海开放城市,作为中国对外开放的窗口。改革伊始,我国在沿海的深圳、珠海、汕头和厦门 4 个城市设立"经济特区",目标是依托港口优势,率先探索建设少数几个海港城市,成为中国对外开放和参与全球化的窗口。1984 年,为进一步推进对外开放,国家批准大连、天津、青岛、上海、宁波、福州、广州等 14 个城市为沿海开放城市,全面参与经济全球化。

第二阶段,建设海洋经济试点城市和海洋经济强市。进入 21 世纪以来,中国以更加开放的姿态全面启动海洋发展战略。2003 年,浙江提出"海洋经济强省"战略,作为"八八战略"的重要组成部分。2009 年起,国家确定山东、浙江、广东、福建和天津为全国海洋经济发展试点地区，又相继设立天津滨海新区、浙江舟山群岛新区、广州南沙新区、青岛西海岸新区、福建福州新区等国家级新区。

第三阶段，建设全球海洋中心城市。党的十八大做出建设"海洋强国"的重大部署，是我国面向新时代提出的首个"强国"方案，更是我国海洋事业全面发展的新起点。2015年，国家发展改革委、外交部、商务部联合发布的《推动共建丝绸之路经济带和21世纪海上丝绸之路的愿景与行动》将"进一步加强沿海城市港口建设"作为重要目标。在此基础上，2017年发布的《全国海洋经济发展"十三五"规划》第一次提出"建设全球海洋中心城市"，就是要进一步提升若干沿海城市的能级，带动国家海洋战略整体纵深推进。而后，广州、上海、深圳、天津等地积极响应，陆续提出建设"全球海洋中心城市"，具体见表2-1。"全球海洋中心城市"建设已成为我国沿海城市新旧动能转换、引领发展的重要举措，开启了海洋命运共同体构建的征途。

表 2-1　我国主要城市海洋中心城市建设目标

主要城市	出处	目标
广州	《广东省海岸带综合保护与利用总体规划的通知》，2017年12月	将广州、深圳建设成为全球海洋中心城市，将珠海、汕头、湛江建设成为区域性海洋中心城市
上海	《上海市海洋"十三五"规划》，2018年1月	到2020年底，初步形成与国家海洋强国战略和上海全球城市定位相适应的海洋事业体系
深圳	《关于勇当海洋强国尖兵加快建设全球海洋中心城市的决定》，2018年9月；《中共中央　国务院关于支持深圳建设中国特色社会主义先行示范区的意见》，2019年8月	到2035年，基本建成全球海洋中心城市；到21世纪中叶，全面建成全球海洋中心城市；支持深圳加快建设全球海洋中心城市按程序组建海洋大学和国家深海科考中心，探索设立国际海洋开发银行
天津	《关于建立更加有效的区域协调发展新机制的实施方案》，2019年12月	建设全球海洋中心城市
大连	《大连2049城市愿景规划（征求意见稿）》，2019年12月	建设大气磅礴兼具时尚浪漫气质的海洋中心城市

主要城市	出处	目标
宁波、舟山	《浙江省政府工作报告》,2020 年 1 月;《海洋强省建设重点工作任务清单》,2020 年 3 月	谋划建设全球海洋中心城市;由宁波、舟山分别启动推进全球海洋中心城市规划建设
青岛	《青岛市国民经济和社会发展第十四个五年规划和二〇三五年远景目标的建议》,2021 年 1 月	到 2035 年青岛将以全球海洋中心城市昂首挺进世界城市体系前列

2.2　"全球海洋中心城市"的基本内涵

　　"全球海洋中心城市"作为一个崭新的城市发展概念,政府和学术界对其概念内涵的认识是一个不断演化发展的过程。全球海洋中心城市是由全球航运中心城市演化而来的。随着海洋经济的发展和城市能级的提升,全球海洋中心城市早已不单单是一个国际航运中心城市,而将更多的经济功能、科技功能和其他服务功能涵盖在内,其内涵更具系统性、包容性和拓展性。目前来看,已有学者对全球海洋中心的认知强调了航运基础和软件条件的重要性,相关概念内涵的定义也多来自界定、总结和归纳全球海洋中心城市的特征。例如,周乐萍将全球海洋中心城市界定为:具有全球城市地位,拥有一定海洋特色的城市,且海洋特色对区域具有较强的影响力。全球海洋中心城市是世界海洋城市网络体系中的组织节点。综合已有研究观点,本书认为,全球海洋中心城市是具有雄厚的航运发展基础,在全球的海洋经济发展、海洋科技创新和海洋专业化服务中处于绝对领先地位,凭借自身强大的城市综合实力和优良的营商环境,在全球城市网络中具有强大集聚度、辐射力和主导性的城市。

　　尽管国内各地已陆续提出建设全球海洋中心城市的举措,但关于"全球海洋中心城市"的概念尚未达成一致。现有观点主要有两种:第一,"全球海洋中心城市"就是"全球海事之都"。因为"全球海洋中心城市"概念最早是由"全球领先的海事之都"翻译而来,两者只是中英文上的差异;第二,"全球海洋中心城市"在中国海洋强国战略加快推进的背景下已被赋予更全面、更深远的内涵,绝不是简单的"海事之都"。从战略由来来看,本书倾向于第二种观点。依据世界城市理论,全球海洋中心城市首先是中心城市,是政治、经济、科教和文化的中心。但它不仅具有作为一般中心城市的功能,更应具有海洋城市的独特内涵。因此,我们提出全球海洋中心城市的内涵应具备海洋地理、海洋经济、海洋政治、海洋科技四大核心要素。

(1)海洋地理要素

海洋地理要素,即该城市具备海洋区位优势和资源条件。全球海洋中心城市大多滨海或沿海而建,但建在海岛的城市定当更具海洋特性。被称为"全球海事之都"的汉堡、鹿特丹、伦敦等均是滨海城市,新加坡、中国香港则是沿海城市,全球仅有少数以休闲旅游著称的知名海岛城市,如美国夏威夷、岛国马尔代夫和毛里求斯的一些城市、印度尼西亚的巴厘岛等。但全球还没有一座真正建在海岛的、对人类多种海洋活动具有广泛影响力的全球海洋中心城市。

(2)海洋经济要素

海洋经济要素,即该城市海洋产业持续发展,城市人口主要从事海洋产业。全球不乏滨海而建的知名城市,但我们仍将其归属于陆地中心城市。因为这些城市的产业构成中海洋产业尚不占优势,包括我国的上海、深圳等。当海洋产业尚未成为一个城市的主要产业时,这座城市的海洋特色是不足的。另外,海洋服务产业的高水平发展是全球海洋中心城市的标志。尤其是海洋金融、海洋法律等作为现代海洋服务业的代表性行业,是全球海洋中心城市的核心竞争力。新加坡、伦敦、香港等城市的经验表明,面向海洋贸易及其运输发展服务产业,尤其是在海事法律、仲裁、保险、船舶经纪和海事金融等服务业方面拥有远超其他国家的优势,是它们长期位居全球中心城市的关键。比如伦敦尽管已经不是海洋运输枢纽和世界大港,但伦敦的船东保赔协会为全球提供了 62% 的海事保险业务,伦敦的商业银行为全球提供超过 10% 的船舶融资,伦敦为全球船东、货主等提供海事法律服务,因此至今仍然保持全球海事之都和航运中心的地位。

(3)海洋政治要素

海洋政治要素,即该城市在全球海洋治理中具有重要的话语权,影响全球海洋开发与管理规制、公约的制定,其标志是国际海洋组织、协会、科教机构的总部所在地。比如国际海事组织及大多数在海运界有着重要影响力的国际组织总部设在伦敦,伦敦因此长期作为世界海事政治中心。2017 年,中国首次主办《南极条约》缔约国年会,标志着中国将在全球海洋治理中逐渐由"跟跑者"变为"领跑者"。

(4)海洋科技要素

海洋科技要素,即该城市具有国际领先的海洋事业人才和海洋科技创新力。一方面,这是基于海洋探索的需要;另一方面,现代世界城市的形成就是一个面向知识社会构建的创新资源流动过程,主要表现为人才集聚及科技创新能力的提升。为此,深圳市将"创建一所国际化综合性海洋大学"作为建设全球海洋中心城市的十大举措之首。

2.3　全球海洋中心城市的特征分析

全球海洋中心城市具有三大特征,即海洋城市、全球影响力、海洋领域地位。客观指标体系分为航运中心、海洋金融与法律、海洋科技与教育、港口与物流、城市的吸引力与竞争力等 5 个大类、24 个小指标。《全球海洋中心城市报告》的评选指标涵盖航运、金融、海洋科技、海洋治理、城市腹地经济发展和宜居宜业等方面,具体包括航运、港口与物流、海事金融与法律、海事技术、吸引力与竞争力等类别。总的来说,全球海洋中心城市必须拥有强大的海洋经济实力与海洋科技核心竞争力,必须是远洋交通枢纽,必须对全球经济活动具有显著的影响力。

全球海洋中心城市是具有海洋特色的全球城市,既具备全球城市的基本特征,又具备海洋城市的典型特征。《全球领先的海事之都》排名构建了全球海洋中心城市的一套较为系统的综合评价体系,包括航运业、金融与法律、海洋科技、港口与物流和吸引力与竞争力等五个维度,也在一定程度上反映出全球海洋中心城市的具体特征。参考国际化的评价标准,结合伦敦、新加坡和汉堡等全球海洋中心城市的实际情况,本研究认为全球海洋中心城市的特征体现在航运产业基础雄厚、海洋经济高度繁荣、海洋科技保持领先、海事服务优质高效、海洋治理辐射全球和营商环境稳定优良等六个方面。

(1)航运产业基础雄厚

航运业是全球海洋中心城市建设的重要基础。连续四次蝉联"全球领先的海事之都"榜首的新加坡拥有全球最繁忙的港口,2020年的集装箱吞吐量为3660万个标准箱(TEU)。2021年新华·波罗的海国际航运中心发展指数报告也显示,新加坡的航运发展水平仍然保持全球榜首地位。联合国贸易与发展会议(UNCTAD)发布的《2020全球海运发展评述报告》的最新统计数据显示,在全球领先的海事之都航运单项排名中,位居前列的雅典、新加坡、汉堡、上海和香港,其所在国家希腊、新加坡、德国和中国,无论按海运载重量统计还是以船队价值排名都居全球前列。具体情况如表2-2所示。

表2-2 2019年"全球领先的海事之都"评价结果

排名	综合	航运业	金融与法律	海洋科技	港口与物流	吸引力与竞争力
1	新加坡	新加坡	伦敦	奥斯陆	新加坡	新加坡
2	汉堡	雅典	纽约	伦敦	鹿特丹	哥本哈根
3	鹿特丹	汉堡	奥斯陆	汉堡	香港	伦敦

排名	综合	航运业	金融与法律	海洋科技	港口与物流	吸引力与竞争力
4	香港	香港	香港	釜山	上海	鹿特丹
5	伦敦	上海	新加坡	东京	汉堡	汉堡

（2）海洋经济高度繁荣

全球海洋中心城市普遍引领全球海洋经济发展。新加坡为全球重要的海洋工程装备制造基地，生产全球 70％的升降式钻油平台，是海洋工程建造领域的领导者。依托马六甲海峡的战略位置和东南亚等国丰富的油气资源，新加坡积极发展炼油业，成了重要的国际炼油中心。德国汉堡的滨海旅游业蓬勃发展、特色明显。汉堡是德国最重要的游轮巡回地以及世界前 20 名的邮轮巡回港口。世界文化遗产仓库城、船运大楼区智利屋、易北爱乐音乐厅，密布的水道、迷人的海景作为汉堡这座城市的名片，每年吸引着来自超过 100 个国家的 50 多万名游客前来观赏。

（3）海洋科技保持领先

全球海洋中心城市占领世界海洋科技创新的制高点。在海洋科技单项排名中，来自挪威的奥斯陆居全球首位。挪威的海洋科技创新，特别是在海上运输和海上油气工业两大领域一直处于世界领先水平。高水平的科研院所、研究型大学和创新型企业是奥斯陆海洋科技保持世界领先地位的强大后盾。2021 年夸夸雷利·西蒙兹（Quacquarelli Symonds）十一次世界大学学科排名显示，奥斯陆大学等全球海事领先之都的代表性大学都在地球与海洋科学专业领域具有全球领先水平。挪威 DNV 公司是全球深海能源开发技术佼佼者，海下作业集团（SUBSEA7）是全球领先的海床施工和水下作业公司，全球动力系统公司劳斯莱斯（Rolls-Royce）也在奥斯陆设立了欧洲海事技术与培训中心。

（4）海事服务高效优质

海事服务涵盖海洋金融服务、港口和物流服务、商务贸易服务等方面。全球海洋中心城市在海事服务上都已经形成自己的先发优势和话语权。在海洋金融服务方面，奥斯陆证券交易所为很多国际航运公司提供上市支持。新加坡有成熟的资本市场，全球主要海洋金融机构均在此设立分支机构。在商贸服务方面，德国汉堡海事展览会、挪威奥斯陆国际海事展览会、荷兰国际海事博览会（鹿特丹）都是享誉全球的航运海事、船舶制造领域的三大顶级盛会。在港口物流服务方面，汉堡港的铁路货运网络密度居德国乃至整个欧洲之首。为加快智慧港口建设，汉堡港已建立了世界一流的港口信息通信管理类系统，做到了港口、铁路、公路和航空的信息共享和管理协同。

（5）海洋治理辐射全球

面向全球的海洋治理能力是海洋中心城市竞争力的重要体现。海洋领域具有世界影响力的国际组织都位于全球海洋中心城市，在全球海洋治理领域有着十分关键的作用。英国伦敦是国际海事组织（IMO）、国际船级社协会（IACS）、国际航运公会（ICS）和国际干散货船东协会（INTERCARGO）等国际著名海洋海运组织的总部所在地，在海洋海运国际规则制定和海洋资源配置协调方面有着巨大影响力。世界上最大的国际航运组织——波罗的海国际海事公会（BIMCO）的总部设在丹麦的哥本哈根，通过颁布反映国际航运总体利益的法规政策等方式促进航运业的发展。此外，纽约、伦敦和新加坡等城市组成的全球三大国际海事仲裁地也显示出全球海洋中心城市在全球海洋治理体系中的重要作用。

（6）营商环境稳定优良

国际化、法治化的营商环境是推动全球城市发展的助推器。全球海洋中心城市普遍以优良稳定、开放包容的营商环境著称于世。科尔尼集团于2019年首次发布的《全球城市营商环境指数》，围绕商业活力、创新潜力、居民幸福感、行政治理四个维度,对全球 45 个国家的 100 座领先城市的营商环境进行了考察排名,纽约、伦敦、东京、新加坡等全球海洋中心城市都稳居世界最佳营商环境城市第一梯队。世界银行发布的《2020 营商环境报告》也显示,新加坡连续 4 年位于全球第二位,其高效的施工许可证申办、企业开办、税收缴纳和货物通关等为企业提供了极大便利。

2.4　全球城市、中心城市和海洋城市的关系解析

全球海洋中心城市是"全球城市""海洋城市"和"中心城市"三大概念的耦合(图 2-1),应当兼具以上三类城市的特征。辨析三大概念的关系,对于重新认识"全球海洋中心城市"的内涵具有重要作用。

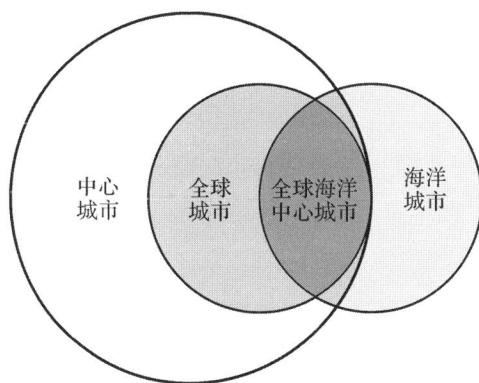

图 2-1　全球城市、海洋城市、中心城市概念的耦合关系

(1)全球城市与中心城市

中心城市是区域经济学和经济地理学的概念,指一定区域内和全国社会经济活动中处于重要地位、具有综合功能或多种主导功能、起着枢纽作用的大城市和特大城市。全球城市(Global City)的概念与世界城市(World City)紧密相关,由萨森在格迪斯、霍尔、弗里德曼等人"世界城市"的基础上提出,主要

描述城市全球化发展过程中,资源高度集聚和吸引辐射能力增强的特定状态和结果。我国学者顾朝林等认为,全球城市即在社会、经济、文化或政治层面直接影响全球事务的城市,具备以下特征:①雄厚的经济实力;②具有巨大的国际高端资源流量与交易;③具备作为"软实力"的全球影响力。

（2）全球城市与海洋城市

全球城市对于城市的综合竞争力具有全面深远的要求,无疑应在经济、科技、社会、生态、文化、制度等方面实现全方位高水平发展。但从目前来看,各项指标均卓越领先的全球城市毕竟有限;而凭借专业化分工和特色优势,例如航运、金融、科技创新、旅游和人文魅力等,同样可以赢得全球竞争力和影响力（表2-3）。海洋城市又称海滨城市,为地理学概念,指具有一定海岸线、对海洋资源有依赖背景和发展关联的城市,多为港口城市。海洋城市也是城市若干特色和专业维度中的一种,其高级发展状态即全球海洋中心城市。因而,全球海洋中心城市是以海洋城市问题资源为基础、拥有海洋发展相关领域核心竞争力,在一定区域内起枢纽作用,且对全球社会经济活动具有较大影响的城市。

表 2-3　全球重要城市指数和评价体系一览

分类	名录	发布机构	深圳排名/总数	排名前五的城市
综合指数	世界城市名册（Ga WC）	全球化与世界城市研究网络	55/236	伦敦、纽约（Alpha＋＋）、香港、北京、新加坡（Alpha＋）
	全球城市指数（GCI）	科尔尼管理咨询公司	79/130	纽约、伦敦、巴黎、东京、香港
	全球城市实力指数（GPCI）	日本森纪念财团	未上榜/44	伦敦、纽约、东京、巴黎、新加坡
	全球城市竞争力排名（GUCP）	中国社科院、联合国人居署	4/100	纽约、伦敦、新加坡、深圳、圣何塞
航运海事	世界领先海事之都	挪威海事展、奥斯陆海运展	未上榜/15	新加坡、汉堡、奥斯陆、上海、伦敦
	国际航运中心指数（ISCDI）	新华社、波罗的海交易所	22/50	新加坡、汉堡、奥斯陆、上海、伦敦

分类	名录	发布机构	深圳排名/总数	排名前五的城市
金融服务	全球金融中心指数（GFCI）	英国 V/Yen 集团和中国综开院（深圳）	10/112	纽约、伦敦、上海、东京、香港
科技创新	全球创新指数（GII）	世界知识产权组织、康奈尔大学、欧洲工商管理学院	2/100	东京—横滨、深圳—香港—广州、首尔、北京、硅谷湾区
	创新城市指数（ICI）	澳大利亚智库2 Thinknow	55/500	东京、伦敦、旧金山—圣何塞、纽约、洛杉矶
人才竞争	全球人才竞争力指数（GTCI）	德科集团与欧洲工商管理学院	78/155	纽约、伦敦、新加坡、旧金山、波士顿
	最佳留学城市排名（BSC）	国际高等教育信息机构（QS）	未上榜/120	伦敦、东京、墨尔本、慕尼黑、柏林
宜居生活和吸引力	全球宜居城市排名（GLI）	英国"经济学人智库"（The Economist）	82/140	维也纳、墨尔本、大阪、卡尔加里、悉尼
	全球城市生活质量榜（QLCR）	美世咨询公司（Mercer）	132/450＋	维也纳、苏黎世、温哥华、慕尼黑、奥克兰
	全球旅游目的地城市百强（TCD）	欧睿国际（EI）	13/100	香港、曼谷、伦敦、澳门、新加坡
可持续和城市安全	可持续城市指数（SCI）	咨询公司凯谛思（Arcadis）	66/100	伦敦、斯德哥尔摩、爱丁堡、新加坡、维也纳
	全球城市安全指数（SCI）	英国"经济学人智库"（The Economist）	未上榜/60	东京、新加坡、大阪、阿姆斯特丹、悉尼

2.5　概念内涵的研究基础

　　多数学者认为，海洋中心城市应包含中心城市和海洋城市的多种特征，所以海洋中心城市的研究也主要以海洋城市和中心城市的相关理论、方法和建设经验为研究基础。一般认为，一座城市是否属于海洋中心城市，首先要考虑这座城市是否属于发展良好的海洋城市,再考虑这座城市的海洋属性是否属于支撑其成为中心城市的条件,因此在海洋中心城市的研究中,海洋城市是研究核心和前提,中心城市是研究支撑和完善。在与海洋中心城市有关的早期研究和建设经验中,也多从一些在海洋相关领域发展势头良好,在全球具有一定集聚、吸引和辐射影响力的典型城市里进行经验总结,因此,绝大部分学者的研究重点放在这些城市的海洋属性,发掘其"海洋城市"的特征。

2.5.1　对全球海洋中心城市的理解

对"海洋城市"的概念理解,国外学者在广义上多从环境科学、地球科学、生态学等自然科学领域进行实证研究,这也与国外发达地区的海洋城市在经济、规划、管理等领域建设相对成熟,主要研究和发展领域逐步转为海洋与城市的生态环境保护有一定关系;亦有约三分之一的文献指狭义的"海事城市"(maritime city),相关研究多集中在航运贸易、经济金融、科教技术等传统海洋事务及衍生方向,学科性质多属于人文社科领域。在国内,"海洋城市"多指"沿海城市""滨海城市"等传统意义上位于海岸线边缘的城市,相关主题多为资源经济、海洋经济、港口城市、可持续发展、文化旅游等,研究学科多属于社科类基础和政策研究,这也与目前国内在政策上的重视有一定关联。

随着全球化过程中对海洋的依赖不断加深,海洋城市的发展也开始不仅着眼于传统的港口航运、海洋经济、滨海旅游、海洋生态等某一领域,而且要合理运用海洋资源和空间,进一步挖掘海洋生态、海洋科研等多种新兴海洋领域在城市发展中的潜力,进行多领域的综合发展。因此有学者认为,新型海洋城市应该以海洋资源作为基础,在海洋生态、海洋景观、海洋文化等领域进行深度和广度开发,并实现和谐共生、全面发展,以此体现城市海洋核心竞争力,形成具有自身特色的、实力较强的海洋发展结构。城市的海洋发展结构打好基础后,有利于提升相关领域的核心竞争力,甚至成为这些领域的发展中心,进一步集聚和吸引更多的资源,如新加坡的航运业、伦敦的海事金融业等,而这种集聚和吸引特征又属于中心城市的重要范畴之一。

中心城市作为一种在政治、经济、文化等方面产生重要影响的城市类型,其对所在区域内的社会经济发展具有集聚、主导、吸引和辐射作用。中心城市的学术研究最早可以追溯到 20 世纪 30 年代以克里斯泰勒、廖什为代表的德国学者的"中心地理论",同时在地区城市化进程中,有关学者相继结合区域范围或某些领域等因素,进一步细化中心城市的概念,提出多种中心城市类型,如"国家中心城市""体育中心城市""旅游中心城市""海洋中心城市"等。相对于海洋城市,中心城市的研究内容更加成熟,方法更加完善,其研究方法和理论也可以为海洋中心城市的研究提供支撑性、完善性的作用。随着新加坡、迪拜等新兴海洋城市依托海洋相关产业逐渐兴起,以及汉堡、奥斯陆、伦敦等传统海洋城市成功实现转型,并由此成为海洋相关领域的中心城市,部分学者开始剖析这些城市成功的因素,对其中的一些共性条件进行归纳总结,"海洋中心城市"的概念逐渐形成。

目前,多数学者也以 Menon Economics 和张春宇的理论为核心,结合各自的研究领域和区域进行了相关研究。如张帅(2018)、汤晓龙(2016)等人对湛江建设北部湾区域海洋中心城市进行创新驱动力研究。但 Menon Economics 和张春宇的理论仍具有一定局限性,研究领域主要从狭义的海洋城市,即"海事城市"所涉及的领域为主。周乐萍(2019)认为张春宇等学者虽从航运、科技、金融及全球治理角度提出了对海洋中心城市的基本认知,却未能给出一个清晰的海洋中心城市概念内涵、功能定位和评价标准。她结合海洋城市和中心城市等领域的相关研究,进一步对海洋中心城市概念内涵进行界定,认为"海洋中心城市"是在某区域内,如全球层面拥有突出海洋产业、科技文化等海洋特色的城市,且海洋特色对区域具有较强的影响力的城市。该研究虽对"海洋中心城市"的概念内涵进行了系统性、综合性阐述,但主要研究方向仍没有完全摆脱人文经济学科方面的束缚,对海洋生态和环境保护治理等自然方面研究仍存在欠缺。随着国家对"海洋强国"战略和"海上丝绸之路"建设的贯彻落实,2017 年,国家发展改革委和国家海洋局提出"推进深圳、上海等城市建设'全球海洋中心城市',在投融资、服务贸易、商务旅游等方面进一步提升对外开放水平和国际影响力"。在深圳、上海的政府文件中,通过对国内外先进海洋城市的走访调研,在总结分析全球知名海洋城市发展经验的基础上,对全球海洋中心城市内涵和路径进行深入研究,并与相关专家、企业、职能部门进行沟通交流。在调研过程和交流中发现,国外发展良好的海洋中心城市在经历过高速发展期后,已经进入发展转型的后城市化阶段,此阶段没有一味追求经济发展,而是更注重城市生态环境的保护与修复,注重城市与自然的和谐共存,如汉堡的港口及河道修复、北海油气污染追究责任制建设。因此,在调研后,深圳、上海的有关部门最终从海洋经济、科技创新、生态环境、城市文化、综合管理、海洋治理、防灾减灾等方面提出相关方向和内容。这些文件又从生态环境等自然科学因素,以及文化旅游等国内研究热点和国情方面,进一步完善海洋中心城市的概念与内涵。综上所述,目前对海洋中心城市的研究和建设,大多是从海洋城市或中心城市所涉及的某一或多个领域进行梳理,缺乏将两者结合的整体性、综合性、交叉性的系统研究,学术界整体上对"海洋中心城市"这一概念和内涵尚无明确定义。因此,结合国内外学者对海洋城市和中心城市两种城市的相关研究并进行归纳总结,本书认为海洋中心城市是以具有综合功能或多种主导功能的现代化城市为载体,依托并综合发展海洋经济、海洋资源、海洋生态、海洋文化、海洋科技、海洋旅游等海洋相关领域,在海洋相关领域形成增长极,集聚、吸引相关资源,以进一步辐射带动所在区域社会经济发展的城市类型。

2.5.2　全球海洋中心城市的功能

全球海洋中心城市的功能如图 2-2 所示。

(1)全球海洋资源配置功能

主要体现为对全球海洋资源的探测、研究、开发、利用、整合、控制、配置等方面的能力。特别是对深海大洋资源的开发控制能力和水平,更是集中体现出一个海洋城市在世界海洋网络城市体系中的能级和地位。

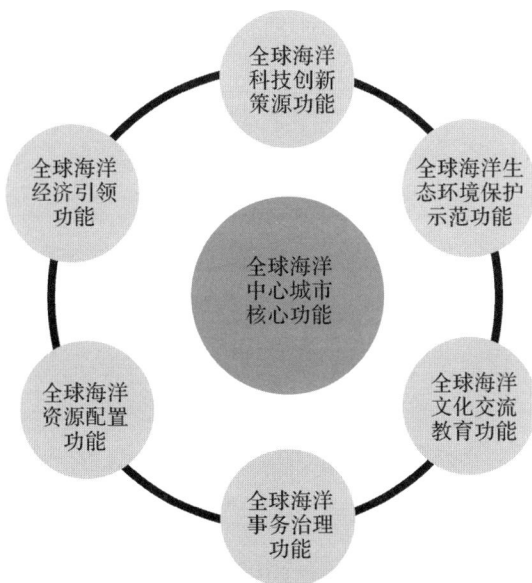

图 2-2　全球海洋中心城市的核心功能

（2）全球海洋经济引领功能

主要反映海洋经济的总体发展水平和海洋产业的发达程度，以及对全球海洋经济体系的影响能力和海洋战略性新兴产业发展的引导能力。全球海洋中心城市要在全球海洋产业链、价值链、供应链中居于核心地位。

（3）全球海洋科技创新策源功能

海洋科技创新是海洋经济活动和事业发展的第一推动力，全球海洋中心城市需要集聚较强的海洋科技创新资源和力量、拥有良好的海洋科技创新环境、具有活力的海洋科技管理体制，并在海洋科技成果原始创新、海洋科技成果转化和企业应用创新等方面处于世界领先水平。

（4）全球海洋生态环境保护示范功能

海洋是生命的摇篮，良好的海洋生态环境则是一切海洋经济活动的前提和保障。随着海洋生态环境逐步恶化和危机不断发生，环境友好型的可持续发展道路成为全球发展的共识。全球海洋中心城市要在海洋生态文明和可持续发展方面做出全球示范和引导。

（5）全球海洋文化交流教育功能

海洋文化是在人类认识、开发、利用、保护和管控海洋的过程中所形成的各类物质财富、精神风貌、生活方式的总和。全球海洋中心城市要引领和代表世界海洋先进文化的发展方向，并在培育创造海洋文化、推动海洋教育发展、促进全球海洋文化交流中发挥着重要的组织和推动作用。

（6）全球海洋事务治理功能

随着全球海洋资源开发利用不断升温，各类海洋争端和冲突也日益激烈，海洋公共物品供给和公共事务治理机制还有待进一步完善。全球海洋中心城市要在全球海洋事务国际合作、全球海洋监测预报、海洋权益维护和争议处置、海上安全保障、海洋规划和立法等公共事务中发挥积极作用。

表 2-4　2017 年全球海事城市综合及各分项排名

排名	1	2	3	4	5
综合	新加坡	汉堡	奥斯陆	上海	伦敦
航运中心	新加坡	汉堡	雅典	伦敦	香港
海洋金融与法律	伦敦	奥斯陆	纽约	新加坡	上海
海洋科技	奥斯陆	新加坡	东京	上海	釜山
港口与物流	新加坡	上海	鹿特丹	香港	汉堡
竞争力与吸引力	新加坡	奥斯陆	哥本哈根	汉堡	迪拜

笔者认为，由于受资源禀赋、客观条件和发展路径等约束，全球海洋中心城市并不意味着上述各项功能都能做到全球顶尖和一流水平，有的会发展成为各个方面实力都较为突出的"综合型"，有的则可能演变成为某些领域功能较为突出的"单项型"。

2.6　全球海洋蓝色经济

　　全球经济快速发展,在增进人类福祉的同时,也带来了资源枯竭、环境污染、气候变化等一系列的全球性问题。可持续发展成为人类必然的选择,绿色经济等经济可持续发展理念纷纷涌现;在海洋领域,"蓝色经济"成为最重要的可持续发展理念。"蓝色经济"于 1999 年首次提出,迅速得到国际社会的广泛关注和重视,内涵和外延不断扩展和丰富,逐渐发展成为世界海洋经济发展模式的重要思维和理念。相较于传统的海洋经济概念,"蓝色经济"更强调人海和谐,生态经济和社会协同发展,强调通过技术创新发展经济;在时间上强调海洋经济的长远可持续发展和海洋资源的代际公平分配,在空间上强调海洋及海陆经济布局的优化整合,强调陆海统筹;对系统发展和全球治理的要求更高。随着"蓝色经济"理念的深入人心,世界主要海洋发达地区和城市开始加速推动"蓝色经济"发展,多数国际航运中心也突破了传统海洋经济的范畴,具备了更新的特点,这些特点与"蓝色经济"理念相呼应。

　　在这一大背景下,2012 年,两家具有较高知名度的国际海洋组织在数年精心准备下,联合发布了"全球海洋中心城市"排名(英文直译,应为"全球领先的海事之都",为适合中文表意,且能充分体现其内涵,张春宇及其团队将其翻译为"全球海洋中心城市")。该报告通过主客观两个维度,对 30 多个国际知名的海洋中心进行了排名。客观维度是通过设置一系列的客观数据指标来进行评定,2017 年的报告包括 5 大类、24 小类指标,均为可获得的统计数据。主观维度则是对全球 250 多个行业专家(包括主管海洋领域的政府官员、大中型涉海企业的高管、海洋领域的科学家或技术人员等)进行问卷调查。该报告定期更新,每次更新都会调整和完善其指标体系,以顺应全球海洋经济发展的新趋势;从最新的指标体系和调查问卷设计来看,明显更突出与"蓝色经济"相关的特征和指标。

从客观指标来看,最新报告包含的五大类指标分别是:航运中心、海洋金融与法律、海洋科技与教育、港口与物流、城市的吸引力与竞争力。这些评价指标较全面地反映了当今海洋中心的内涵和特征。航运中心指标中包含 5 个子指标。从指标设置来看,航运中心仍然是海洋中心城市的重要功能;其中,航运公司的总部是否设在该城市是一个非常重要的考量。海洋金融和法律指标下包含 6 个子指标。海洋金融与法律是现代海洋服务业的代表性行业,是"全球海洋中心城市"的核心竞争力;现代海洋经济资金需求量大、融资期限长、风险与回报高,必须紧紧依靠强大的金融业支持,而金融市场的发达又离不开完善的法律体系。海洋科技与教育指标下含 4 个子指标。海洋科技与教育水平的高低决定了海洋中心城市发展的上限和未来;数字化转型是未来海洋产业的发展方向,要为海洋产业的发展提供新的解决方案,我国目前推进的"智慧海洋"战略即符合这一发展大势。港口与物流指标下含 4 个子指标。海洋中心城市在港口与物流行业上的传统优势仍然明显;过去几十年,中国的部分港口发展十分迅猛,已经形成了我国明显的比较优势。城市的创新能力、国际吸引力与竞争力指标下含 5 个子指标。"全球海洋中心城市"的竞争力体现在政策框架、产业集群的开放度和信息共享度、营商便利度、城市的创新能力和企业家精神、国际化的优良生活环境等驱动因素;"全球海洋中心城市"不仅有硬实力,也具备足够强大的软实力,吸引领先的海洋产业、海洋相关企业和海洋领域高端人才的进入和聚集,这些特征在"全球海洋中心城市"中都有非常鲜明的体现。

考虑到当前全球蓝色经济发展的大趋势,除上述指标外,"全球海洋中心城市"竞争力的指标,至少还包括以下两点,一是该城市在全球治理方面的地位和作用,这将会极大地增强该城市在地区和全球海洋领域的影响力和领导力;二是该城市的腹地经济的发展程度,相比传统海洋经济概念,"蓝色经济"的外延涵盖海洋经济、临海经济、涉海经济和海外经济,范围更大,也更强调陆海统筹,腹地经济的发展程度将决定该海洋中心城市的发展上限。

参考国际社会的评价标准,结合我国实际情况,及对未来"蓝色经济"发展的判断,可以认为:国际海洋中心城市超越了传统的国际航运中心的概念,它不仅具备国际航运中心在航运、贸易、物流以及航运相关服务业方面的优势,还必须是海洋金融、法律等高端海洋服务业的领导者;它是海洋科学技术和海洋发展体系的创新者和引领者;它通过各类机制和机构,在全球海洋治理方面发挥引导性的作用,为区域或全球提供有价值的公共产品;它因具备完善的营商环境、完备的海洋产业集群和国际化便利的生活环境,对领先的海洋产业、海洋企业和高端人才形成了强大的吸引能力和集聚能力。

"全球海洋中心城市"在促进蓝色产业发展,提升蓝色经济综合竞争力,提高对外开放水平,增强蓝色经济国际辐射力,甚至在带动整体国民经济发展等方面起着巨大的作用。在我国的"海洋强国"战略、"21 世纪海上丝绸之路"建设、南海共同开发等重大海洋战略实施的过程中,也将发挥先锋引领作用。

第 3 章

海洋中心城市的配置

3.1　城市区位的配置

　　作为海洋中心城市,地理位置的优劣决定了其无论是带动周围经济发展还是带动文化传播的能力高低,所以一个好的城市位置能为其成为海洋中心城市带来不少便利。接下来,我们会介绍一些国内有着成为海洋中心城市潜力的城市的地理优势。

　　深圳有自身明显的地理优势。首先,深圳地处我国的南海之滨,其覆盖的海域面积达 1145 平方千米,而海岸线的长度达 260.5 千米,地处珠三角城市群的中心,且与香港一衣带水,无疑是大湾区与世界进行对接的关键门户。其次,深圳又处于丝绸之路、亚太主航道的要冲地段,是我国与南太平洋距离最近的中心城市。正是这种地利优势,使之拥有了国际中心城市的重要竞争力。深圳市所拥有的广大海域面积,为其发展提供了重要的发展支持,其中深圳港在 2019 年完成了 2577 万标准集装箱的吞吐,在全球范围内名列第四。而该市诸多如滨海旅游、能源建设等临海经济产业,也得到迅速发展。深圳市东部160 千米的海岸线上拥有优质的沙质海滩、山地、港湾等,该地缘优势使其获得了较为丰厚的旅游资源。在 2019 年《孤独星球》中将深圳排名为全球十大最优旅行城市第二名,同时国际旅游业理事会也将深圳评为世界十大旅游城市。深圳拥有海岸线 260.5 千米,其中自然岸线占比 38%;拥有沙滩 50 个,海岛51 个,海岸带范围内国家级自然保护区 2 处。另外,深汕合作区海域1152 平方千米,海岸线 50.9 千米,海岛 3 个。与国内其他海洋城市相比,深圳空间和资源仍十分有限。区位条件方面,深圳是距离南海最近的超大城市,具有南海战略服务区位优势。深圳毗邻香港,拥有与国际接轨的海洋高端服务业,人才交流便利;同时,作为粤港澳大湾区的核心城市,深圳具备较强的辐射能力,但区域范围内港口等资源同质化竞争严重。

大连地处辽东半岛南端,得黄海、渤海之利,海洋资源、渔业资源等自然条件优越,因纬度较高,又是台风侵扰较少的地区。大连三面环海,海洋面积辽阔、海洋优势得天独厚,兼具现代城市与海洋产业发展的特征,是环渤海经济带至关重要的节点城市和东北地区最重要的综合性外贸口岸。大连优良港湾众多,岸线资源丰富,具有独特的自然景观,海水浴场、滨海公园和度假区等构成了大连珍贵的旅游资源。大连地处北纬39°的黄金地带,属于具有海洋性特点的暖温带大陆性季风气候,四季分明,夏无酷暑,冬无严寒,拥有29476平方千米的海域面积和2211千米的海岸线,适宜海洋生物的生长,鱼、虾、贝、藻等渔业资源极其丰富,拥有辽东湾和海洋岛两大渔场。总之,不论是渔业资源、气候条件,还是港口基础和地理位置,大连均具有显著的优势。

作为山东半岛蓝色经济区的龙头城市,青岛的地缘区位优势十分突出。在国内方位上,青岛地处长三角和京津冀两大都市圈之间的核心地带,是黄河流域主要出海口岸和亚欧大陆桥东部的重要节点;在国际大方位上,青岛与日本、韩国两国隔海相望,位于亚欧大陆和太平洋的交界处,是中国通向世界五大洲的一个重要港口城市。因此,青岛具有辐射内陆、贯通南北、连接东西、面向亚太的重要区位优势。作为东北亚国际航运交通枢纽,青岛港是青岛地缘优势与对外开放优势的综合体现和关键平台。它不但是我国对外贸易第二大港和北方第一大集装箱港口,同时也是世界第七综合大港,连接着全球180多个国家和地区的700多个港口,是"一带一路"建设在青岛枢纽链接的重要支撑。作为东北亚重要的区域性物流服务中心,在2014年12月海关总署批准在中铁联集青岛中心站成立沿海地区首个多式联运监管中心后,多式联运监管中心就成了青岛港的虚拟前沿,为进出港的货物开辟了高效畅通的国际物流与贸易大通道。随着2021年青岛胶东国际机场的启用,青岛将发展成为"海、陆、空、铁"多式联运枢纽门户。这些得天独厚的区位优势,使青岛成为"一带一路"建设中辐射陆海双向的重要交通枢纽。

宁波、舟山具有优越的海洋区位优势,位于我国长江发展轴和沿海发展轴交会处,是长江经济带重要的出海通道,是紧邻亚太国际主航道的重要出口,全省可规划建设万吨级以上泊位的深水岸线主要集中分布于宁波—舟山港一带,是我国建设深水港群的理想区域。此外,这里还拥有海岛岸线、海洋生物资源、海洋油气资源和海洋旅游四大基础优势。

3.2　经济的配置

作为最直观的表现方式,经济发展程度是评定一个海洋中心城市的最好标准。在"十三五"时期,浙江海洋生产总值从 2016 年的 6747 亿元,增长到 2018 年的 7965 亿元,年均增长约 8.5%,占地区生产总值的比重稳定在 14%左右,海洋经济已经成为浙江地区经济增长的重要支柱。随着近年来一大批海洋经济政策的深入实施,特别是宁波—舟山港的一体化运作,两地的国际影响力不断攀升,全球的知名度也逐步扩大。

除了浙江地区,我国其他地方的海洋城市在经济发展上有着不小的成就,对于海洋中心城市的发展路径也有着指导意义。历经 40 余年的改革和发展,深圳的经济规模与实力都得到了极大的提升。2019 年,深圳所创造的生产总值已超 2.7 万亿元,位居全国城市排行榜第三位。如今深圳正在逐步打造极具创新性的新兴产业,其中囊括了海洋生物医药、高端智能装备、电子信息与邮轮游艇等。它们在整个海洋经济总值中的占比超过了九成。该市还成功创建了千亿级别的产业集群,其中代表性的有海洋现代服务业与高端装备智能制造业。此外,还创建了高端海洋产业园区、服务业聚集区、盐田港等。在推进高新战略新产业的同时,该市还积极升级沿海养殖业与海洋牧场建设等传统海洋产业,这使得该市海洋产业有着新老互补的特色。在资金投入上,除政府投资外,民间融资和公司自有资金都有相当的份额,为自主创新的推动注入了强劲的外源动力。深圳拥有依托相对完整的产业链条和超强的生产制造基础,且营商环境宽松,民企活力强劲,众多行业的领军企业成长起来,具备将产业链接到"一带一路"沿线国家的能力。但深圳自身海洋经济基础较弱,海洋产业占比较低。

近代以来,大连就是国际知名的海港城市,海洋产业链齐全和产业基础坚实。这里是中国第一个海军驻地所在地,诞生了中国第一个万吨以上船坞、远东地区第一条自来水管道,新中国成立以后更是生产了我国第一艘万吨级轮船,我国第一艘航母辽宁号在大连建造完成。大连是我国北方重要的对外贸易港口和东北地区最大的货物转运枢纽港,承担了东北地区70%以上的海运货物和90%以上的集装箱运输任务。大连目前海洋产业链齐全,港口货物吞吐量和集装箱吞吐量一直排在全国前十位,海洋制品生产和研发能力位于全国前列,以海洋生物医药、海洋新能源、现代化海水养殖和海洋装备制造为代表的一大批新业态、新兴产业在大连高速发展,是名副其实的海洋产业强市。

青岛海洋经济成效显著并拥有比较齐全的海洋产业链条,这无疑是青岛打造全球海洋中心城市的另一个重大优势。"十三五"期间,青岛海洋经济年均规模增速达到13.3%,总量已经超过深圳,初步具备建设全球海洋中心城市的基础和能力。在海洋产业方面,青岛在海洋及相关产业门类中的20个行业都有规划布局,尤其是在海洋设备制造、海洋交通运输等领域处于全国领先地位。目前,青岛的海洋制造业、海洋服务业、现代海洋渔业都有着快速且持续的发展,正在不断成为青岛强化和壮大海洋产业体系的重要内在动力。

经济综合实力层面,2018年上海的GDP为32679.9亿元,高于深圳的24221.98亿元;固定资产投资上,上海的固定资产投资额为40331亿元,深圳的固定资产投资额为2640亿元。一般公共预算支出方面,上海的支出总额为8351.5亿元,深圳为4282.5亿元,天津为3104.5亿元,其余城市均在3000亿元以下;平均工资方面,上海的在岗职工平均工资为142983元,而广州和深圳差距较小,平均工资分别为111839元和111709元,天津的平均工资为103931元,宁波以102325元紧随其后,舟山、青岛、大连和厦门均在10万元以下。

除了国内的海洋城市,伦敦作为海洋中心城市的模板,也能为海洋中心城市的经济配置提供经验。伦敦的海洋经济发展以市场交易为主,重点在于其高附加值的现代海洋服务业。伦敦的综合航运服务在世界的最前端,其发展的核心方向是海洋工程及其配套服务,最主要的优势是完善的海洋金融及海事仲裁。根据"2017 年世界领先海事之都（The Leading Maritime Capital of the World 2017）"排名,伦敦海洋城市综合排名位于世界第六,其金融和法律排名世界第一,船舶排名世界第四。伦敦是世界领先的海洋金融城市,以客观标准和主观指标排名第一。伦敦在全球金融行业有着特殊的地位,并在 2017 年再次被全球金融中心指数（Z/Yen Group,2017）评为全球领先的金融城市,伦敦金融城是世界领先机构的所在地,比如劳合社等。伦敦的法律相关服务和海上保险是世界第一名,英国法律在航运纠纷中应用最为广泛。

　　推动海洋金融发展创新,一是做好区域海洋重点项目的金融支持。各海洋中心城市发展改革部门应及时编制海洋经济发展重大项目的系统性融资规划,统筹利用政府投资平台、政府投资引导基金,积极引导各类金融服务机构、相关国家产业投资基金、风险投资基金及社会资本投资重点海洋产业项目。二是推动依托自贸港区建设的海洋金融创新。立足上海、深圳国际金融中心城市的雄厚基础和天津金融创新运营示范区建设的发展定位,依托自贸港区的政策优势,争取得到国家金融监管部门的更多支持,在涉海金融机构体系建设、海洋特色金融创新业务开展等方面开展先行先试。三是推动设立专业化海洋金融机构。一方面,争取国家相关部门支持,积极探索设立国际海洋开发银行（深圳）等国际化专业金融机构,引入国际性金融机构,提升金融贸易核心要素资源配置能力。另一方面,推动现有金融机构面向海洋事业和产业发展进行组织、业务和产品创新,进一步完善海洋金融组织体系。

3.3　人才的配置

　　对于海洋中心城市人员的配置,要注重创新人才、高水平人才的引入,在这方面,青岛给了我们一个很好的启发。

　　人才是第一资源,创新是第一动力。习近平总书记在中央人才工作会议上强调,要全方位培养、引进、用好人才,加快建设世界重要人才中心和创新高地。青岛牢固树立人才引领发展的战略地位,不断完善人才政策体系,畅通引才聚才渠道,构建人才赋能体系,全市人才总量、结构、素质均实现较大提升。目前,青岛市人才总量突破 240 万人,较"十三五"初期增长 50%以上;国家级高层次人才、省泰山系列人才均占全省三分之一左右,居全省首位。"十四五"期间,青岛将充分释放人才集聚效应,优化人才发展生态,提升人才国际化水平,全面深化人才市场化配置改革,全市人才总量突破 300 万人。以"政策集成优化、制度集中突破"为工作思路,开创全市人才工作新局面,打造人才"五区",即人才发展体制机制改革先行区、人才配置枢纽区、科教产融合试验区、海洋人才集聚引领区、人才发展生态示范区。

涉海科研院所较为集聚,海洋科研能力稳步提升。宁波、舟山集聚了一大批省内海洋科研院所,具有代表性的有浙江大学浙江海洋学院、浙江海洋大学、宁波海洋研究院、湾区经济研究院、宁波诺丁汉国际海洋经济技术研究院等涉海科研院校。海洋科研能力稳步提升,甬科声学、星箭航天等参与完成的"蛟龙号载人潜水器研发与应用"项目获国家科技进步一等奖。世界领先的林东大型海洋潮流能发电机组首套 1 兆瓦模块并网发电,这些都对科研成果的转化示范起到了重要引领作用。

在现在正逐步发展为海洋中心城市的基础上,这里再列出以下几点建议,同时作为人才配置问题的解决方案。

(1)人才是科技创新的第一资源

我国海洋科技人才面临年龄结构不合理,老龄化问题突出,复合型海洋科技人才严重匮乏等问题。深圳应在吸引全球高端海洋科技人才上为国家发挥主力军作用。建议:一是着力引进海洋科技高端人才。研究制定海洋科技紧缺人才目录,深港合作面向全球实施精准"靶向引才"工程,引进一批与海洋新能源、深海勘探、海洋生物和海洋碳汇等科技发展关系度高的领军人才;采取"平台+团队"模式,结合高端平台的建设,加强团队人才引进力度;支持新建海洋领域的科研机构实行市场化、社会化用人,采用更加灵活的薪酬体制,探索通过"薪酬谈判制"招募高端人才团队。二是着力引进和培养海洋科技青年人才。聚焦重点产业领域,实施海洋专业人才梯次培育计划,建设一批青年科技英才培养基地,通过深海科考中心等重大创新平台建设、重大科技项目组织实施等培养、锻炼骨干科技青年人才;完善以"培养人才"为核心的梯次型资助体系,建立从博士(后)到优秀青年、杰出青年的人才成长若干周期支持机制,加快发现、培养和造就一批海洋科技创新人才。三是着力加强深圳海洋科技人才培养体系建设。建立从职业教育到高等学历(本科、硕士和博士)教育全系列的人才培养体系。加快深圳海洋大学的建设速度,探索"新型海洋大学"建设模式,建立健全跨区域、跨学科、跨界协同培养的方式,在开放合作中培养一批高素质复合型海洋人才;支持更多的深圳高校设置海洋相关专业培养海洋科技人才;谋划建设海洋职业技术学院,推行"双元制"培养模式,按照"教育＋科技＋产业"模式,加快培育一批海洋领域的中高层次人才。

(2)城建基础设施层面

客运量上,广州高于上海,其次是天津、宁波、大连、青岛、深圳、厦门和舟山。广州的年客运量 25780 万人,上海为 15845 万人,而深圳的客运量却不及上海的一半,仅为 6654 万人。深圳在交通运输体量上与上海仍有较大差距,上海的城市与城际交通系统十分发达,深圳的客货载荷量都远低于上海。在市区建成面积和绿化面积上,上海均高于深圳,天津作为北方城市,道路面积更宽更多,而绿化面积较少。在供水和供电量上,上海也远高于深圳,总体来说上海的人口多于深圳,企业数量也较多,工业和生活对于水电的需求量也相应较大。

(3)完善航运高端人才引进配套政策

构建具有国际竞争力的引才用才机制,吸引海洋高层次人才。将海洋人才纳入深圳高层次专业人才认定范围,符合条件的按照有关规定享受住房、配偶就业、子女入学、学术研修津贴等优惠政策。海洋领域经认定的创新人才,根据其贡献程度,市产业发展与创新人才奖励资金予以相应支持。促进深港航运人才交流与合作,进一步取消或放宽对港澳航运服务业从业者的资质要求和行业准入限制,扩大航运服务领域专业资格互认范围。

(4)将海洋大学建成一流研究型大学

利用"组建海洋大学"的契机,加强与世界一流海洋院校、科研机构和龙头企业合作,着力把深圳海洋大学打造成为世界一流的国际化、综合性、研究型海洋大学。紧密结合深圳重点发展的海洋工程装备、海洋电子信息、海洋生物医药、海洋新能源等战略新兴产业,在海洋科学、海洋工程、海洋生物、海洋能源、海洋通信、海洋装备、海洋探测、海洋大数据等领域发展学科专业,培育国家海洋战略、海洋经济、海洋安全等领域急需的高层次人才。结合深圳参与全球海洋治理的人才服务需求,开设海洋经济学、海洋金融学、海洋管理、海洋法等学科。综合考虑建设航运院校或开设航运专业,开展高端航运人才培训和培养,鼓励国际航运企业在深圳建立海员培训基地。

(5)建设具有较大影响和国际影响力的海洋产业发展高端智库

充分发挥政府、企业、高校优势,通过灵活引进、多形式聘用的方式,重点建设具有较大影响和国际影响力的海洋产业发展高端智库,其定位于海洋领域关键技术、技术成果转化、国际交流与人才培养,为国际海洋中心城市建设提供智力支持。

(6)大力引进和培养海洋专门人才

一是吸引和聚集国际一流水平的高层次创新领军人才。依托高校、科研院所和重点企业,探索打破常规、提早考察、长期跟踪,加快聚集一批海洋科学与工程技术研究领域的顶尖人才。二是加快各类海洋专门人才培养。充分利用上海交通大学、天津大学和深圳海洋大学(筹)等涉海高校的优势学科,适当扩大相关专业办学规模,加大对各类海洋专业人才的教育培养,制定并实施减免学费、实行专业补贴和加大国家和行业奖学金比例等政策。此外,利用国内国际两种教育资源,加强与国际著名大学的联合培养和合作办学。三是开展从业人员的在职培训教育。推动建立国际海洋海事专业人员培训平台,开展从业人员素质提升行动,围绕职业能力认证、技能等级评价和复合能力提升,建设技能型、知识型、创新型海洋劳动者大军。

构建"海洋大学+特色学院+蓝色职校"(1+X+N)的海洋特色高等院校人才培养体系;人文与技术并重,鼓励跨学科、跨领域、复合型海洋人才培养;推行"校中园、园中校"模式,探索"科教+产教"双融合的海洋人才培养模式;组建海洋技能培训委员会,推行海洋人才终身教育;推进海洋公众教育平台载体与海洋特色教育环境建设,注重全民素养教育等。

3.4 政策的配置

一个城市的快速发展十分依赖政府政策的支持。近年来,我国越发重视海洋中心城市的发展,政府也出台了多条政策支持海洋中心城市的建设。

我国在党的十八届三中全会上正式提出了建设"21世纪海上丝绸之路"的倡议,此外南海作为我国对外进出口与经济贸易的关键区域,已经成为我国打造海洋强国的重要基地之一。深圳毗邻南海,位居粤港澳大湾区,恰可承担起实现海上丝绸之路桥头堡的重担。而对南海进行高水平开发,将会使得我国的海洋经济拥有更高附加值功能。因此,深圳近年来正处于发展海洋经济最好的机遇时段,正可谓获得了"天时"。作为社会主义先行示范区,深圳拥有特区立法权和综合授权改革试点权限,具备制度创新的先天优势;但国际合作交流仍然偏少,外部资源配置和综合治理能力相对较弱。建设具有全球影响力的海洋战略新兴产业高地。结合深圳科技创新优势和战略性新兴产业的优良基础,引导优势产业下海,大力发展海洋新能源、新材料、高端装备、智能设备、电子信息、生物医药产业等战略新兴产业和未来产业,大力培育具备国际海洋市场竞争力的跨国企业和知名涉海品牌。

深港共建国际蓝色金融服务中心。发挥香港在涉海金融交易、法律仲裁等领域的优势,创新蓝色金融产品,大力拓展融资渠道,在蓝色金融标准制定和蓝色债券等方向率先突破,持续完善蓝色金融政策体系,打造多功能的蓝色金融服务生态圈。

海洋生态文明建设成效显著。自党的十八大以来,大连市城市发展深入贯彻落实习近平总书记对海洋生态文明建设方面提出的要求,严格实施海洋生态红线管控,确保各类涉海专项规划与海洋生态红线制度一致,将海洋生态红线区纳入"海洋工程建设项目环境影响评价"重点考核内容,实行一票否决。海洋生态文明是大连发展的基石,截至目前,大连市已经划定了面积达10147.2平方千米的海洋生态红线区。大连已建和在建的自然保护区众多,是中国北方地区海洋自然保护区、海洋渔业类保护区和海洋生态示范区的聚集地,这里有旅顺口区国家级海洋生态文明建设示范、大连斑海豹国家级自然保护区,以及长山群岛、金石滩、星海湾和仙浴湾等四个国家级海洋公园,海洋渔业类保护区总面积达 7492 平方千米。近年来,大连市启动了重点海湾、岸段和海岛整治修复项目,陆续开展老虎滩湾、普兰店湾、凌水湾、广鹿岛和复州湾等生态整治修复项目,近海海湾、岸段和海岛生态环境明显改善,有力促进了滨海湿地的生态恢复。

青岛是国家第一批十四个沿海开放城市之一,在"一带一路"倡议提出后,国家将青岛定位为"新亚欧大陆桥经济走廊主要节点城市"和"海上合作战略支点",是全国同时涉及"一带"和"一路"的少数城市之一。同时,青岛被赋予建设西海岸新区、上合示范区、山东自贸试验区青岛片区,融入黄河流域生态保护和高质量发展,打造"一带一路"国际经贸合作新平台等多项国家重任。其中,西海岸新区是中国第九个国家级新区,承载着国家对外开放战略高地的职责;上合示范区承担着打造"一带一路"国际经贸合作新平台、更好发挥青岛在"一带一路"新亚欧大陆桥经济走廊建设和海上经济合作的作用;山东自贸试验区青岛片区肩负着国家赋予的"新亚欧大陆桥经济走廊主要节点城市"和"海上合作战略支点"的双重定位职能。多项国家战略在青岛叠加,极大提升了青岛的城市发展能级,为青岛打造全球海洋中心城市拓展了战略空间。

围绕实施国家战略,青岛同时承担了一系列国家重大的发展改革试点以及示范任务,如:国家成果标准化评价试点城市、全国首批商业利用外资试点城市、创新型城市试点、新型工业化产业示范基地、科技服务业创新发展试点城市等。通过推进这些试点以及示范,青岛的核心竞争力得到明显增强,国际影响力、知名度得到显著提升。

抓住国家支持宁波—舟山港发展的历史机遇,提高城市知名度。随着"一带一路"建设、长三角一体化发展、中国(宁波)—东盟大宗商品贸易中心等战略的实施,宁波—舟山港的发展视角正逐步从国内转向国际,宁波—舟山港要借助海洋经济发展的新机遇,将全球海洋中心城市建设和国家战略实施结合起来,以此推动全球海洋中心城市建设。宁波—舟山港要深挖自身海洋发展优势,打造具有区域特色的海洋中心品牌,通过"一带一路"建设等国家战略,将宁波—舟山港的特色海洋品牌向全世界推广,提高城市的知名度。

以宁波—舟山港为核心,打造世界一流强港。宁波—舟山港要对标国际国内大港,差异化探索自己的发展路径。一是要紧抓江海联运这一优势,提高港口的规模效益。要发挥宁波—舟山港快速由江出海的优势,进一步优化运输组织,促进物流降本增效,提升服务品质,做大江海联运市场。二是完善港铁联运体系,提高货物运输效率。要对通向宁波—舟山港的货运线路进行整体规划,建设多条港铁线路,形成高效便捷的铁海体系,提高货物运输效率。三是提升宁波舟山港的智慧化服务软实力。在服务外贸企业、推进贸易便利化等方面下功夫,提高服务化水平。在港口装卸装备上进行智能化改造,提高船舶服务货物装卸效率。

打造现代海洋产业体系,发展海洋新兴产业。要以宁波—舟山港为核心,合理布局临港产业圈,发展海洋新材料、海洋高端装备、海洋信息化装备等新兴产业,倒逼宁波—舟山港从运输港到贸易物流港再到产业科技港转型。一方面,利用宁波—舟山港的物流运输优势,引进一批大型海洋产业项目来临港经济圈落地,通过项目的实施带动,全面提升临港产业发展水平;另一方面,积极探索对外合作模式,开展国际合作,在"一带一路"建设中壮大海洋新兴产业。

打造现代海上宜居城市，探索建设海洋金融体系。全球海洋中心城市打造要以宁波为核心、舟山作为后花园组团建设，抱团发展。随着宁波至舟山海上高铁的建设，为两地组团建设全球海洋中心城市奠定了基础。宁波要在基础设施、教育、医疗、就业、居住等方面提高服务水平，建设具有宜居宜业的城市环境，吸引国际高端人才。舟山作为后花园，要保护海洋环境，大力发展滨海旅游、海洋文化产业，共同提升城市知名度。两地还要探索建设海洋金融体系，积极吸引国内外海洋金融机构，在宁波、舟山两地建设海洋金融服务总部或办事机构，在资金融通、货币结算、投资、保险、信托管理等方面提供完善便利的海洋金融服务。

除了我国的这些政策，我们也可以从奥斯陆政府的政策方针里发现对于海洋中心城市建设的政策配置方案。奥斯陆政府积极引导海洋金融发展，在符合透明度原则和国际规则的条件下，加强与行业的沟通，采用市场化运作手段积极促进金融领域的发展。一是奥斯陆海洋金融的资源配置具有海洋经济的周期特征和结构演进。如挪威银行对海洋经济提供稳定的金融支持，通过较为稳定的信贷支持扩大了其市场占有率，但在内部是通过资产结构的调整降低行业周期波动对银行资产的资产负债的管理及利润压力。二是风险管理是奥斯陆海洋金融发展的有力保障。奥斯陆的银行采取一定措施防范风险：通过市场化的定价机制、常态化的沟通以及公开透明的信息控制风险；买方的信用评级是信贷风险控制的重要参考；关注客户的长期信用记录，客户选择是其成功和稳定的关键；出口信贷均具有担保，担保机制的建立是奥斯陆银行业信用风险控制的重要环节。动态、综合考虑国内监管机构的要求以及国际监管框架变化可能导致的业务不确定性及其风险关联性。三是宏观审慎与微观监管是奥斯陆海洋金融发展的基础制度框架。对银行在航运、海工领域的信贷策略和信贷政策进行评估；对市场环境进行分析，并纳入压力测试程序之中；资产组合的发展评估；要求提供信贷担保；对信贷的定价进行评估，防范过度的风险承担；要求金融机构有严格充分的内部和外部审计。

3.5　科技的配置

科技就是第一生产力,科技创新作为经济发展的主要推动力,是海洋中心城市配置中十分重要的一部分。接下来将会介绍一些国内外海洋中心城市的科技发展案例,再结合国内现阶段的情况,以示科技发展路径。

一是新加坡港口 2030 战略提出智慧港口,突出智能化操作和运营,上海洋山港已引入全自动化装卸设备和生产管理控制系统;二是腹地圈层的智慧物流运输,如新加坡港的电子商务系统 Portnet、汉堡港的 DAKOSY 信息平台,为物流各参与方提供物流等应用的一站式平台,极大地提高效率;三是城市圈层的智慧城市协同发展,规划、建设和管理一体化运作,如汉堡港针对易北河制定了潮汐能利用和疏浚方案,在港口周围建设节能减排设施和智慧安全的交通管理。

以创新引领海洋产业,培育未来支柱产业。深圳海洋生产总值占全市生产总值比重达 10%,并且保持较快增长,具有成为深圳未来支柱产业的潜力。发展"大海洋"产业具有全球竞争和合作意义,应充分调动深圳的科技创新能力、产业发展组织能力、科研成果转化能力,将现有的高科技优势平移到海洋,同时准备好政策、金融、市场等各种要素,予以积极推动。针对空间不足的劣势,海洋产业应当建立"求所在,求所有,更求所为"的理念。政府也要转变观念,追求海洋经济 GNP 而非 GDP,鼓励企业放宽视野,使深圳海洋产业跳出深圳,在更大的区域里蓬勃发展。

顶尖的海洋人才队伍和强大且可持续的海洋创新能力是青岛发展海洋经济、打造全球海洋中心城市拥有的最大优势。作为一座海洋科城,青岛已经汇聚了大量海洋高端技术人才及国内顶尖的海洋科研机构、海洋专业高等院校。目前,驻青岛全职工作的涉海专家院士、部级以上的重点实验室和工程研究中心等涉海高端研发平台,以及与海洋相关的重点科研院所和高等院校(包含中国海洋大学、中国科学院海洋研究所等海洋试点国家实验室和青岛蓝谷国家深海基地等国家级涉海创新平台)这三个重要指标均在全国排名第一。海洋科研机构和海洋高端人才云集,必然会带来强大且可持续的海洋创新能力。《自然资源科技创新指数试评估报告 2019—2020》显示,青岛在自然资源科技创新和海洋创新两个重要领域都居于全国领先水平。

强化成果转化驱动,打通"产学研用"全过程创新链条。重点推进科技服务平台建设和重大科技研发工程项目落地,提升海洋科技应用综合环境、加速转化示范,形成海洋科技成果转化中心和示范平台。

加强基础研究与原始创新,形成自主创新的持久竞争力。重点突出科技创新的体系建设,"政府＋企业"共建具有深圳特色的基础研究体系,引入顶级大学、科研机构合作,提供产权保障和技术攻关的政策扶持等。

加快破解"卡脖子"技术,针对"智慧＋""深远＋""未来＋""绿色＋"等重点方向开展海洋关键技术攻关。"智慧＋"以海洋电子信息技术为方向,重点加强海洋卫星遥感、海洋无线通信网络等的研发攻关;"深远＋"方向,重点加强深海空间站、无人水下航行器(ROV)等深潜器关键技术和部件,以及勘探勘察技术和海工装备研发制造攻关等;"未来＋"以海洋生物医药为主要方向,重点加强深海生物基因库、海洋生物酶的技术研发;"绿色＋",以海洋可再生能源开发为主要方向,重点加强海上风电、海制氢等关键技术的实验和技术储备。

依托 5G 优势,实现港口智能绿色转型。随着港口和航运竞争加剧,空间受限的深圳港吞吐量优势逐渐降低。深圳应依托机器人、大数据、人工智能等领域的良好基础,推进互联网、物联网、大数据等信息技术与港口服务和监管的深度融合,推进港口运作智能化、港航管理智慧化。共建共享,打造大湾区智慧港群平台。为应对各城市港口的同质化竞争,建议整合湾区资源、加强湾区协同,形成香港、深圳、广州三大港的错位发展和组合优势,并通过信息平台共建共享、口岸联检互联互通、综合服务共享共赢,共建全球知名的智能数字航运中心和智慧港群。

科技创新平台是培育海洋科技成果的"土壤",深圳要完善海洋科技创新平台体系,打造海洋科技自主创新先行区,服务国家"科技兴海"战略。建议:一是依托全球海洋中心城市集中承载区打造大鹏海洋科技创新平台集中区。将中国海洋大学深圳研究院、中南大学深圳海洋研究院、哈尔滨工程大学深圳研究院等国内外高校,拟在深圳设立的海洋信息科学与技术国家实验室、海洋固体矿产资源开发利用国家工程研究中心、海洋探测与装备标准化研究所和海洋水下机器人研究中心等创新载体集中布局在大鹏新区,形成开放共享的科技创新载体集群化优势,抓住深圳建设综合性国家科学中心的机会,争取涉海大科学装置落地,实现国家级海洋科技创新载体"零"的突破。二是完善中试基地建设,推动科技成果成熟化、工程化开发。在海洋科研机构集中区配套建设中试基地,推动科技成果的就地转化。更换海洋生物产业园中试基地已经老化的设施,统一建设实验室废物处理平台。设立科研用海审批的专项通道,加快审批速度,为科研机构配备充足的科研海域。三是强化海洋企业的科技创新能力,打造"金字塔"型海洋科技企业集群。招商重工、中集、云洲科技等涉海企业创新能力突出是深圳的优势,必须强化这种优势。在市自然科学基金、市科学技术奖等政府科技基金和奖项中设立海洋科技专项,引导企业增加海洋科技创新投入。推动"科产"双向融合,支持海洋科研机构创办企业、海洋企业设立科研机构,在南山、宝安、盐田和大鹏等区打造一批海洋科技企业孵化基地,培育一批涉海国家高新技术企业。

作为国内科技创新代表城市,深圳具有较强的科技创新和成果转化能力,并具有广泛影响力;然而,深圳海洋基础研究和原始创新能力较弱,海洋类高水平研究机构较少,海洋人才密度不足,创新要素集聚亟待加强。

3.6　航运的配置

航运是海洋城市特别是海洋中心城市的产业主体，所以一个海洋城市的航运发展程度对其自身发展影响巨大。我们可以从一些已经成为国际公认的海洋中心城市得到一些关于如何配置的经验。

伦敦海洋金融服务发展源于航运业的需求，伦敦航运服务业在全球处于领先地位，超过1750家从事航运服务的公司或组织在伦敦办公，其中79％在伦敦注册了办事处。伦敦航运服务业集群中的需求方和供给方之间形成了组织严密、自成体系的网络。伦敦的船舶经纪、船舶融资、海上保险等与保险市场、证券交易市场、银行业等关系密切。为了满足航运对金融服务的需要，融资、结算、兑换等各类金融服务在伦敦集聚。伦敦海洋金融的代表企业有伦敦证券交易所、英格兰银行和伦敦劳合社等。虽然伦敦银行就业人数所占比例很小，但在航运金融方面，伦敦的商业银行借贷数额占全球18％的份额。伦敦劳合社、伦敦国际承保协会和保赔俱乐部是伦敦主要的海上保险承保来源。其中，伦敦劳合社和伦敦国际承保协会涵盖了主要类型的海上保险，伦敦保赔俱乐部一般只承保商业保险公司未承保的特定风险。

综观国际港城市发展规律，欧洲、日本等发达国家港口与区域发展之间呈现不同的发展特征，但提升国际航运领域话语权、最优化港口空间"投入—产出"效益成为各大港口或港口群发展共同的价值导向。以英国港口为例，通过统计分析1965年以来英国53个港口的吞吐变化规律可知，至2018年，除南安普敦港、丹佛港等5个港口通过腹地拓展形成区域性港口，实现了港口运量增长外，其余48个港口均出现了不同程度的衰减，随着全球化产业转移，劳动密集型产业转出地区的港口群衰退成为必然规律。其中伦敦港货物吞吐量更是由1968年的接近1500万吨缩减至目前的700万吨，但这并未影响伦敦逐步集聚港口航运高端资源，发展成为国际航运中心，在现代航运业中拥有航运金融、法律、仲裁等资源的掌控权。

建设海洋陆海空天一体化的立体监测预报体系，注重基础能力建设，提高海洋观测网密度，加强综合防灾减灾能力。完善海上安全监管和救援体系，构建海上安全风险预警预控机制，搭建智能支持系统，提升安全治理水平。

整合海洋、商务、发改、气象等部门的数据资源，构建海洋预警与综合服务的平台，为城市空间布局、生态保护、设施选址和应急救援提供决策，为企业、机构提供多元服务。

海洋中心城市
的定位

4.1　城市定位

4.1.1　城市定位的内涵

从内容分析,城市定位由定性、定向、定形和定量四个方面或环节组成。"定性"是指确定城市的性质,即在详尽分析城市在区域社会经济发展中所承担的各种职能作用的基础上,筛选出对城市发展具有重大意义的主导性和支配性的城市职能。"定向"是确定城市的发展方向,包括城市的发展方针、目标走向、战略模式等,这一工作是以区域分析、城市对比分析和发展战略研究为基础的。"定形"是指城市形象的确定,这里不仅是指城市的代表性的景观特色,更重要的是指城市内在的、相对稳定的、个性化的东西。为此,必须处理好历史文脉的继承和发展创新的关系,处理好自然生态潜质和人文社会发展的关系,做到城市形象与城市灵魂、活力的有机融合。"定量"是指从数量的角度给城市发展以某种形式的标定,它既包括城市人口规模、用地规模的确定,也包括城市经济地位、综合竞争力、发展水平的科学预测与数量分析。

由于城市竞争是多方面的,所以城市定位的内容也是多方面的,涉及性质定位、功能定位、产业定位等。一般而言,城市定位包括产业定位、功能定位、性质定位等。其中,产业定位是基础,功能定位是核心,性质定位是灵魂。因此,性质定位是最重要的:性质决定功能,功能引领产业并决定城市规划、城市建设和城市发展。找准城市性质,就是找准城市的本质性特征。

城市的划分因目的、要求的不同而有所区别:有体现城市性质的职能分类,根据城市人口数量而作的规模分类,反映城市外貌的形态分类,以及按照地理、交通位置或历史起源的分类。其中,根据城市职能和城市规模进行的分类最能揭示城市的基本特点,受到比较广泛的重视。城市职能分类始于20世纪20年代,经历一般性描述、统计描述、统计分析、经济基础研究、多变量分析5个阶段。

(1)一般性描述分类

1921年由美国的M.奥鲁索提出,城市分为行政城市、防御城市、文化城市、生产城市、交通运输城市、游览疗养城市。他认为城市虽然具有多种职能,但总以某一两种职能为主。中国城市职能分类基本上都属于定性分类。目前可将中国城市分为:以几种职能为主的综合性城市,包括中央及地方政府所在地城市和城镇,它们是全国和各地的政治、经济、文化中心;以某种经济职能为主的城市,如工矿业城市和交通运输枢纽或港口城市、林业城市、渔业城镇;以特殊职能为主的城市,包括革命历史名城、风景游览城市和边境城市。

(2)统计分类

现代单一职能的城市很少,即使专业城市的经济结构也日趋复杂。统计分类一般使用各行业就业人口占城市就业总人数的百分比作为划分指标,当某行业就业比例超过一定的临界值,该项职能即为该城市主导职能,从而将该城市从城市体系中区分出来。统计分类的关键在于确定主导职能的临界值。统计分类方法很多,如1943年美国的C. D.哈里斯把美国城市划分为加工工业、制造业、零售商业、批发商业、多种职能、运输业、矿业、大学、游览疗养和行政等职能类型。此后比较著名的还有1955年美国的H. J.纳尔逊提出的统计分析分类、根据城市基本—非基本活动进行分类等方法。

(3)多变量分类

20世纪60年代以来,统计资料的现代化和电子计算机的应用促进了多变量分类工作的开展。一般采用主因素分析方法,将许多变量归并为具有代表性的一些合成变量(主因素),然后就各城市的因素综合进行聚类分析,将最相似的城市归为一类。60 年代以来,统计方法的现代化和电子计算机的应用,促进了多变量分类研究的发展。

4.1.2　城市定位的作用

城市定位是城市发展和竞争战略的核心。科学和鲜明的城市定位,可以正确指导政府活动、引导企业或居民活动、吸引外部资源和要素,最大限度地聚集资源,最优化地配置资源,最有效地转化资源,最有效地制定战略,最大化地占领目标市场,从而最有力地提升城市竞争力。否则,城市定位不准,就会迷失方向,丢掉特色,丧失自身的竞争力。

城市定位是城市营销和品牌建立的基础。城市定位既是城市品牌营销的前提,也是建立城市品牌的基础,还是塑造良好城市品牌的核心要素。要使城市脱颖而出,定位的关键点在于找出最能代表城市特点的“名片”。因此,城市管理者要想准确定位就应对自身以及外围竞争城市有深入的了解,找出代表城市的个性特点并用简洁的语言表达出来。一旦定位明确,城市管理者就要耐住寂寞,不受外界的干扰,坚持下去,经过长时间的传播定能提高受众对城市的认知。而要想提高美誉度,城市管理者就要改善环境,提高整个城市的服务水平,让来访者真实感受到城市的魅力,并且使其感受超过对这个城市的期望值。做到了这点,城市定位、城市营销、城市品牌就可以有机融合,从而释放出巨大形象效应和辐射能量。

4.1.3　城市定位的原则

城市定位应遵从独特性原则。城市定位应该有鲜明的个性,要尽可能与其他城市区别开来。城市的个性是不可接近、难以模仿和超越的。实际上,特色就是个性,就是独具一格。城市特色是城市内在素质的外部表现,是地域的分野、文化的积淀。城市定位的个性可以从历史文脉、名胜古迹、革命传统、自然资源、地理区位、交通状况、产业结构、自然景观、生态环境、建筑风格等诸多方面去发掘培育,讲究创意和标新立异。比如:中国有很多城市都将自己定位成旅游城市、金融城市等,这样的城市定位注重产业功能,忽略了城市本质特性,显然没有太大的个性吸引力。而有些城市则充分利用个性化的定位原则,塑造了自己的独特定位。比如丽江定位为"香格里拉大旅游圈的门户,世界精品体验旅游名城——东方体验之都",是城市个性化定位中比较典型的成功案例。因此,只有坚持差异化的原则,塑造城市独有的定位和独特的形象,才能吸引城市目标消费者的关注,并使其产生对城市定位的品牌联想。

城市定位应遵从美誉性原则。城市定位的美誉性、生动性越强,就越易进入人们的眼帘和头脑,越能增强城市的凝聚力、吸引力和辐射力。例如,"桂林山水甲天下",这是桂林独有的城市品牌定位语,既突出了桂林的城市特色,又增强了城市的美誉度。城市品牌的美誉性是一个积累的过程,建立城市品牌并不是一个广告、一次公关活动就可以解决的问题,城市只有内外兼修方能为自己赢得美誉度并得到世人的认同。

城市定位应遵从连续性原则。科学的城市定位一旦确定,就必须在较长的一段时间内保持不变,并坚定不移地去贯彻、宣传和实施。不能因为城市管理者、城市管理体制的变化而中断。摇摆不定的城市定位会影响城市营销战略,会使城市营销人员、宣传媒体无所适从,也会使城市产品的潜在顾客迷惑不解。摇摆不定的城市定位表明城市没有真正找到自己的灵魂和核心价值、没有把握住自身的本质特征。

4.2 海洋中心城市定位评价

关于不同定位海洋中心城市的评价体系的指标分客观因素和专家评价两个方面。2017年报告中客观因素包括五大类、24个指标,均为各种权威国际海事报告中可获得的统计数据。五大类指标分别是:航运中心、海洋金融与法律、海洋科技、港口与物流、城市吸引力与竞争力。具体来看,航运中心指标包括城市所管理的船队规模、隶属于船东的船队规模、隶属于船东的船队货物价值、航运公司总部数量、航运公司市值。海洋金融与法律指标包括城市中的法律专家数量、保费收入、海洋产业贷款规模、航运投资规模、海洋产业上市公司数量、海洋产业上市公司市值。海洋科技指标包括船舶修建产量、船级社雇员数量、经过船级社技术检验的船队规模、船厂和技术服务公司市值。港口与物流指标包括港口装卸集装箱数量、港口装卸的总货物量、港口运营公司的规模、邮轮停靠港口的次数。城市吸引力与竞争力指标包括营商便利性、政府透明度和廉洁程度、创新创业指数、房地产价格、海关手续负担。

专家评价则是针对"你认为哪个城市排在航运中心前五名?"等 22 个问题面向全球 250 多个行业专家进行问卷调查,这些专家包括海洋领域政府官员、大中型涉海企业高管、海洋领域科学家或技术人员等。在这三期排名中,新加坡都位居第一,汉堡两次入选第二名,奥斯陆两次入选第三名。在 2017 年报告中,我国有三个城市入选 30 强,分别是上海列第 5 位、香港列第 8 位、广州列第 15 位。以下为不同定位的海洋中心城市的具体代表与分析。

4.3　综合能力强(代表城市——新加坡)

"全球海洋中心城市"作为一个崭新的城市发展概念,政府和学术界对其概念内涵的认识是一个不断演化发展的过程。全球海洋中心城市由全球航运中心城市演化而来。随着海洋经济的发展和城市能级的提升,全球海洋中心城市早已不单单是一个国际航运中心城市,而将更多的经济功能、科技功能和其他服务功能涵盖在内,其内涵更具系统性、包容性和拓展性。目前来看,已有学者对全球海洋中心的认知强调了航运基础和软件条件的重要性,相关概念内涵的定义也多来自界定、总结和归纳全球海洋中心城市的特征。例如,周乐萍将全球海洋中心城市界定为:具有全球城市地位,拥有一定海洋特色的城市,且海洋特色对区域具有较强的影响力。全球海洋中心城市是世界海洋城市网络体系中的组织节点。

全球海洋中心城市是具有雄厚的航运发展基础,在全球的海洋经济发展、海洋科技创新和海洋专业化服务中处于绝对领先地位,凭借自身强大的城市综合实力和优良的营商环境,在全球城市网络中具有强大集聚度、辐射力和主导性的城市。

新加坡是海洋资源小国,却是海洋经济大国。新加坡资源短缺,无石油、无煤矿、无天然气,但政府依据其优越的地理位置,充分发挥资源集聚效应,大力发展海洋经济,将其建设成全球海洋中心城市。

新加坡为世界最繁忙的港口和亚洲主要转口枢纽之一,是世界最大燃油供应港口和第二大货运港口:有200多条航线连接世界600多个港口,连接123个国家和地区;有5个集装箱码头,集装箱船泊位54个,为全球仅次于中国上海的第二大集装箱港口。截至2019年底,新加坡注册船舶4437艘,总吨位9732万吨。截至2020年底,新加坡注册船舶4275艘,总吨位9500万吨。

根据新加坡海事及港务管理局的数据,截至2014年年底,新加坡港集装箱吞吐量上升4%至3390万标准箱,名列世界第二位。从燃油销售上来看,新加坡仍是世界第一的加油港,2014年销售的总燃油量达4240万吨,抵港船舶创纪录,达到23.7亿总吨。

2019年,新加坡港货运量6.26亿吨,集装箱吞吐量3720万标准箱,占全球集装箱吞吐量的5%。2020年,新加坡港口处理货运总量5.9亿吨,集装箱总吞吐量3690万标准箱。

新加坡为"亚洲四小龙"之一。2020年,新加坡国内生产总值为3400亿美元,人均国内生产总值为5.98万美元,国内生产总值增长率为-5.8%,贸易总额为6923.6亿美元。

4.3.1　高度发达的海洋产业集群

新加坡的海洋经济在多年的发展中逐渐形成了完整的产业链,在链接本国上下游产业的同时吸引国际相关产业的进入,构建了以航运为核心,融合修造船、石油勘探开采冶炼、航运金融保险等各种上下游产业的海事业全产业链条。完整的产业链使得海洋经济的上下游产业能够相互配合、协同发展,产业链各个环节上的企业不断聚集,产生了良好的集聚效应,从而实现利益共享、风险共担,降低了成本,提高了收益。海洋产业集聚导致的集群效应的发挥是海洋经济发展的产业基础。在从传统的港口与航运业务向油气、再向海洋工程不断扩展的过程中,依靠政府的战略性规划和市场化的运作,加上地利因素,新加坡海洋经济的发展速度雄冠亚洲,海洋产业链的完善程度在全球仅次于伦敦。

4.3.2　金融资本与高新技术持续大规模投入

科技是现代海洋经济发展的核心依托,科技水平的高低决定了一国在海洋经济产业链中所处的位置和海洋经济的发展速度。而科技的进步则依托于高素质人才的培养和对研发工作持续大量的资金投入。为发展海洋工程产业,新加坡从 20 世纪 80 年代开始持续投入海洋工程研发,着力于海工技术的引进和创新,为新加坡发展成为世界第二大钻井平台生产基地夯实了基础。新加坡海洋工程业形成了涵盖设计、建造、研发、法律服务、金融服务,乃至教育、培训等全领域的产业链条,且每个产业链条上都集聚了大量国际领先的企业和机构,同时带来了高素质海洋工程人才的聚集。

4.3.3　发展服务海洋发展的现代高端服务业

由于海洋经济具有资本和技术密集型特征,海洋经济实施主体的资金实力和融资能力就成为海洋经济发展的约束条件。这对当地的金融支持体系提出了很高的要求。新加坡具备完善的金融体系,可以保证海洋经济发展的资金需求。新加坡有成熟的资本市场和良好的市场环境,法律规范完备,英语普遍通用。上述特征为发展海事仲裁、船舶登记、海洋金融等海洋经济相关领域业务提供了较高的便利性。新加坡出台了一系列政策鼓励海事产业及其相关金融服务的发展,船舶制造和海事工程制造方面的技术快速提升。此外,新加坡在地理位置上有很大的优势,周围的印度尼西亚、马来西亚、越南等国的海事产业发展迅速,地理优势加上英语的通用性,帮助新加坡形成自然的区域业务积聚。泰国、印度等海事产业较弱的国家也趋于到新加坡寻求相关服务。全球主要金融机构纷纷在新加坡设立分支机构以拓展海洋金融业务。

4.3.4 优越的营商环境吸引发展要素聚集

海洋经济、海洋金融的专业服务人员国际流动性较强,产业集聚能够吸引专业人才聚集,但不能确保将这些专业人才转化为长期的人力资本。要实现这一目标,还需要良好的居住条件和商业便利化两大基础。新加坡在多年的发展中成功地营造了优良的人文居住环境和便利化的商业环境。新加坡政府致力于打造良好的人居环境。新加坡自然与生活环境良好,英语通用性强,治安环境好,基础设施完备,国际旅行便利;法律、金融制度环境好,与国际完全接轨,没有任何经营障碍;对高端人才征收的个人所得税相对较低;等等。新加坡是自由港,商业便利,融资便利可得,如募资中的路演、资金方谈判的便利度都很高;金融行业所需的综合金融服务获取便利,如保险、法律、会计等;接触海洋产业客户便利。

4.4 航运业发达(代表城市——汉堡)

航运业是全球海洋中心城市建设的重要基础。联合国贸易与发展会议(UNCTAD)发布的《2020 全球海运发展评述报告》的最新统计数据显示,在全球领先的海事之都航运单项排名中,位居前列的雅典、新加坡、汉堡、上海和香港,其所在国家希腊、新加坡、德国和中国,无论按海运载重量统计还是以船队价值排名都在全球位居前列。装卸设备有各种岸吊、桥吊、可移式吊、抓斗吊、汽车吊、浮吊、吸扬机、输送带、铲车及滚装设施等,其中浮吊最大起重能力达

1200 吨。吸扬机装卸谷物的效率每小时为 1300 吨。在欧罗巴集装箱码头有超巴拿马型的集装箱装卸桥,负荷 80 吨,吊臂伸展跨距至岸边铁道外 48 米,向内可伸展 23.5 米,在起重高度 31 米时,起吊负荷为 68 吨,码头上露天货场为 82 万平方米,货棚为 105 万平方米(另有 12 万平方米可调节温度),油库总量达 380 万吨,粮仓容量为 74 万吨。在易北河的大船错地水深达 36 米,可泊特大型的油船。港内不仅设备先进,机械化、自动化程度高,而且被称为"德国通向世界的门"和"欧洲最快的转运港",汉堡港有近 300 条航线通向世界五大洲,与世界 1100 多个港口保持着联系。每年进出港的船只达 1.8 万艘以上,铁路线遍及所有码头,车厢与船舶间可直接装卸。汉堡是世界最大的自由港,大多数中转货物都经过自由港,在 16 平方千米的范围内提供了世界上最大的免税区域,其中仓库面积达 60 万平方米,货棚面积达 76 万平方米。海关对报关的货物均不做检查,也不征收关税,只有在货物到达目的地后由当地海关检查和收税。这样对货主有很大的吸引力。一些货物进入汉堡自由港区后,不用提货,货主即可降低价格与客户洽谈生意。在自由港区内货物的堆存期没有规定,只要按要求支付堆存费和装卸费即可,本港主要进口货物为煤、木材、矿石、原油、棉花、粮谷、水果、羊毛、烟叶、菜油、冰肉、蛋白、橡胶、咖啡、可可及杂货等,出口货物主要有焦炭、水泥、钢铁、机器及零件、车辆、电气用品、石油、人造肥料、糖、盐、粮食、瓷器、玻璃器皿、纸张及化工品等。1994 年货物吞吐量达 6832 万吨,比 1993 年增长 3.8%,创历史最高纪录。1994 年集装箱吞吐量为 272.5 万 TEU,比 1993 年增加 9.6%。该港对船舶的特检、一般修理、临时修理、坞修均可解决。有 21 个浮船坞,升举能力达 13 万载重吨,干船坞最大可容纳 32 万载重吨的船舶。在节假日中,除元旦、国际劳动节(5 月 1 日)、圣诞节(12 月 25 日)外,均可安排作业。

4.4.1　打造港—铁—陆—空无缝隙运输体系

受益于有利的地理位置——既靠近北海也靠近波罗的海,与内陆腹地连接的便利,汉堡已发展为北欧、亚洲和波罗的海国家的贸易运输枢纽。汉堡港是德国最大、欧洲第二大海港。在过去几十年中,汉堡投入了大量资金进行港口现代化改造,扩建码头,挖深易北河河道,建设成为世界上领先的智能码头。由汉堡港口仓储物流有限公司经营的高度自动化 Altenwerder 集装箱码头是世界上最先进的集装箱装卸码头之一。汉堡港目前有近 300 条航线通向世界五大洲,与世界上 1100 多个港口保持着业务往来。港口内装卸设备先进,机械化和自动化程度极高,被誉为"德国通向世界的门户"和"欧洲最快的转运港"。尤其是在集装箱海铁联运方面,码头配套的铁路基础设施建设完善,铁路运输效率高。在过去的十年中,汉堡港铁路货运量增长近 80%,每年增长 4000 万吨左右。汉堡港的铁路货运网密度居德国乃至整个欧洲之首。仅在德国境内,起讫于汉堡港的集装箱铁路货运量占到 34%。港口距离汉堡机场约 15 千米,是德国重要的铁路和航空枢纽。汉堡港已经建立了世界上一流的港口信息数据通信系统,真正做到了港口、铁路、陆路、航空的无缝隙运输。

4.4.2 打造欧洲运输物流的核心商品集散枢纽

汉堡港是欧洲的一个核心商品集散枢纽。作为集散枢纽,汉堡港仿佛一颗磁石,将更多的吞吐量吸引到此。通过积极的规模效益,港口提供了高效且极具竞争力的物流服务。德国的出口导向型产业以及北欧、中欧和东欧的进出口贸易都从港口及其与国际贸易路线的高效连接中受益。汉堡港拥有的靠海航道长达 130 千米并延伸到内陆地区,便利的地理位置大大减少了昂贵而又污染环境的陆路运输。港口邻近北海—波罗的海运河及波罗的海经济区,从而保证支线交通具有出色的出发密度。

4.4.3 打造具有竞争实力的战略新兴产业集群

1997 年,作为联邦德国第一个推行产业集群策略的联邦州,汉堡政府提出充分开发自身创新潜力,利用集群优势巩固提升竞争地位的发展战略,汉堡被评为欧洲 2020 高科技战略的"创新首都"。汉堡在过去几十年中经历了从传统船舶、港口工业和加工业向高科技技术转型的过程,目前已经成为德国乃至欧洲的技术创新类工业的桥头堡。航空工业、新能源、信息产业、生命科学及健康产业、豪华邮轮旅游业等新兴产业发展迅速。港口及其周边区域均有传统及新型的经济行业以及大中小型企业落户,为大都市区的稳定及经济发展做出了重要贡献。航运方向的科研机构则保证技术和创新能够迅速转化到所有与产业集群相关的实践领域中去。

4.4.4　推动科技创新引领工业数字化变革

为了促进本地区技术创新力度,汉堡每年投入 100 万欧元专项资金,积极推行行业联合体政策,大力发展创新型企业。汉堡和大汉堡区各级政府联合组建不同行业的产业集群,政府牵头,鼓励业内企业与科研技术部门、学术团队和行会紧密合作,根据企业需求,进行研发和技术转让,再把成熟的科研成果第一时间投入生产。完整的研发、生产链条,调动了科研机构的研发积极性;高效地从实验室到成品投放市场的转换过程,提高了企业的资产回报率。除此之外,产业集群支持企业新人的培养和认证工作,推进地区市场发展和宣传。

4.5　金融与法律(代表城市——伦敦)

伦敦是世界上最大的经济中心之一,也是欧洲最大的城市。伦敦和纽约并列为全世界顶级的国际大都会。金融业是伦敦的支柱产业,伦敦是全球最重要的银行、保险、外汇、期货和航运中心。有 19 家世界 500 强企业的总部位于伦敦,75％的世界 500 强企业在伦敦金融城设有公司或办事处,此外,全世界的跨国公司和金融机构均于伦敦设有分支机构。全球大约 45％的货币业务在伦敦交易。伦敦证券交易所是世界上最重要的证券交易中心之一。

伦敦的银行数量居世界城市之首,其中外国银行超过 480 家,在伦敦拥有的资本总额为全球城市之最。伦敦是世界上最大的国际保险中心,共有保险公司 800 多家,其中 170 多家是外国保险公司的分支机构。伦敦的保险业务历史悠久,资金雄厚,信誉优良。伦敦证券交易所是世界四大交易所之一。

伦敦也是全球最大的大宗商品交易市场,掌控着黄金、白银、原油等世界性商品的定价权,因此国际黄金名为伦敦金,国际白银名为伦敦银。

此外,伦敦还有众多的商品交易所,从事黄金、白银、有色金属、羊毛、橡胶、咖啡、可可、棉花、油料、木材、食糖、茶叶和古玩等贵重或大宗的世界性商品交易。

伦敦是全球最富裕和富人数量最多的城市之一。有 4944 位资产超过 3000 万美元的富豪和近 40 万资产超过 100 万美元的富豪居住在伦敦,数量均为全球最多。伦敦的居民财富总量高居世界第二,数额和第一名的纽约十分接近。从 2017 年第四季度到 2018 年第三季度,伦敦房地产市场吸引了 200 亿欧元的投资,名列欧洲城市榜首,巴黎和柏林分别以 120 亿欧元和 80 亿欧元排在第二和第三。

4.5.1　构建引领世界航运规则的海洋法律体系

伦敦海洋经济和金融的从业人员非常遵守规则,一旦双边有了纠纷就基本以仲裁为主要协调手段,并不希望马上诉诸公堂,而这种裁决非常依赖于经验丰富而又中立的仲裁员。在海事产业的发展过程中,伦敦成立了海事仲裁协会,专门负责解决全球各类海事纠纷。英国有大量的仲裁专家,伦敦海事仲裁员协会公布的全职仲裁员有 38 名。伦敦海事仲裁协会仲裁员的仲裁价格相对便宜。由于伦敦海事仲裁协会制定了非常完善的条款,采取了相对便利的手续,可以将管理成本降至最低。而现在的裁决都是通过文件传递的形式,不需要本人到庭,因此交通运输费用都可以忽略。

4.5.2　打造服务全球海事融资服务的国际海事金融中心

作为全球领先的金融城市,伦敦有利于航运公司就近使用世界一流金融业者所提供的专业服务。伦敦的金融业者与航运业者的合作由来已久,从安排船舶按揭贷款到整合复杂的金融交易都能合作。伦敦作为全球性的国际金融中心,资金在这里聚集、配置,金融服务已经成为一个产业集聚,在海洋经济与海洋金融中"伦敦的服务机会无所不包,无所不及",金融与服务的可得性及完备性具有非常强的国际竞争力。伦敦在海洋金融领域已经形成了一个有效的问题处置系统。

4.5.3　构建良好沟通机制,营造良好政商发展环境

伦敦政府与海洋经济金融领域的从业者保持了动态、有效的沟通合作机制。伦敦市政府具有非常开放和全球化的视野,认为伦敦的海洋金融不仅是英国的海洋金融,更是全球的海洋金融,积极引导和支持伦敦金融业的海外发展。政府还积极发挥配套的专业工商服务、法律服务以及生活设施。较低的税率水平,对于金融机构有很大的吸引力。此外,伦敦海洋经济与金融产业具有一个强有力的行业协会支持。伦敦海事促进署拥有 120 多家机构会员,基本囊括了伦敦从事海洋经济和海洋金融的主要机构。

4.6　海洋科技(代表城市——上海)

位于浦东的张江高科技园区是国家级高科技园区,已构筑起三大国家级基地,重点发展以集成电路、软件、生物医药为主导的高新技术产业。中科院上海药物研究所始建于 1932 年,是我国历史最悠久的综合性药物研究所,承担着包括"863"计划项目等在内的 80 多个项目的科研攻关任务。

2020 年,全年研究与试验发展(R&D)经费支出约 1600 亿元,相当于上海市生产总值的比例为 4.1% 左右。

2020 年,上海全市新增科技小巨人企业和小巨人培育企业 190 家,累计超 2300 家;新认定技术先进型服务企业 19 家,累计认定 235 家。年内新认定高新技术企业 7396 家,有效期内高新技术企业数达 17012 家,每万户企业法人

中高新技术企业达 380 家。全年共落实高新技术企业减免所得税额 166.23 亿元,享受企业数 2918 家,落实技术先进型企业减免所得税额 6.85 亿元,享受企业数 131 家。全年共认定高新技术成果转化项目 845 项,比上年增长 2.8％。其中,电子信息、生物医药、新材料、先进制造与自动化等重点领域项目占 83.6％。至年末,共认定高新技术成果转化项目 13785 项。建成软 X 射线、超强超短激光等一批国家重大科技基础设施和 15 个研发与转化功能型平台。

2020 年,全年专利申请量 21.46 万件,比上年增长 23.6％。其中,发明专利 8.28 万件,增长 16.0％;实用新型专利 10.70 万件,增长 32.8％;外观设计专利 2.47 万件,增长 14.6％。全年专利授权量为 13.98 万件,比上年增长 39.0％。其中,发明专利 2.42 万件,增长 6.5％;实用新型专利 9.22 万件,增长 49.7％;外观设计专利 2.33 万件,增长 43.9％。全年 PCT 国际专利申请量为 3558 件,比上年增长 29.9％。至年末,全市有效专利达 54.25 万件,比上年增长 22.3％。其中,发明专利 14.56 万件,增长 12.2％;实用新型专利 32.03 万件,增长 26.9％;外观设计专利 7.67 万件,增长 24.8％。每万人口发明专利拥有量达 60.2 件,增长 12.5％。

2020 年,全年商标申请量为 50.53 万件,比上年增长 15.1％;商标注册量为 30.74 万件,下降 14.9％,均位于全国第七。2020 年末,商标有效注册量达 173.74 万件,比上年末增长 18.0％,位列全国第五;商标活跃度(每新增 1 户市场主体同时新增注册商标)达到 0.64 件,下降 23.8％,平均每新增 1.55 个市场主体就新增 1 件注册商标;商标集聚度(每万户市场主体的平均有效注册商标拥有量)为 5931 件,增长 8.8％,平均每 1.69 个市场主体就拥有 1 件注册商标。全年经认定登记的各类技术交易合同 26811 件,比上年减少 26.2％;合同金额 1815.27 亿元,增长 19.3％。

2020 年,深入推进科创板注册制试点,至年末累计上市企业 215 家,共募集资金 3061.62 亿元。科创板上海上市企业 37 家,居全国第二位;融资额 1099.66 亿元、总市值 8756.94 亿元,均居全国首位。

4.6.1　规划目标清晰明确

上海市政府印发的《上海市海洋"十三五"规划》中明确提出,上海将积极探索建设"全球海洋中心城市"。到 2020 年底,全市海洋生产总值占地区生产总值的 30% 左右,初步形成与国家海洋强国战略和上海全球城市定位相适应的海洋经济发达、海洋科技领先、海洋环境良好、海洋安全保障有力、海洋资源节约集约利用、海洋管理先进的海洋事业体系。

4.6.2　大力发展现代海洋经济

上海结合全球科创中心的建设,推动建立现代海洋产业体系,在巩固提升船舶工业、海洋交通运输等传统优势产业的同时,大力发展海洋工程装备、海洋生物医药、海洋新能源等先进制造业,积极培育现代航运服务、海洋金融服务、海洋科技服务等现代服务业,加快推进远洋渔业的转型升级并做大做强邮轮等海洋旅游业。上海海洋经济将打造"两核、三带、多点"的空间布局,其中"两核"为临港和长兴岛,临港聚焦海洋装备制造和海洋高新技术产业,重点发展海洋高新技术产业集群、长兴岛聚焦船舶制造和海洋工程装备等产业,打造世界一流的海洋装备岛。

4.6.3　提升海洋科技水平和扩大开放

海洋科技创新能力显著增强。通过科技兴海基地、工程技术研究中心培育和发展,深远海工程装备等方面关键技术有所突破,海洋科技成果产业化水平明显提升。上海还将提升海洋经济的开放水平和国际影响力,借助上海自贸区建设的机遇,推动船舶和海工设计制造等领域的扩大开放,积极争取海洋国际组织、跨国公司和企业总部落户上海,打造"蓝色总部高地"。

4.6.4　构建智慧生态的海洋综合保障体系

上海建设全球海洋中心城市,突出海洋综合保障体系建设。围绕构建智慧生态的海洋综合保障体系,提出了加快发展现代海洋经济、推进科技创新和文化发展、着力建设海洋生态文明、完善海洋安全体系、提高资源利用效率、提升海洋公共服务水平等六方面重点任务,为加快海洋产业转型升级、海洋科技创新驱动发展、海洋生态文明建设和海洋综合管理能力提升不断打下扎实的基础。

4.7　港口物流(代表城市——鹿特丹)

鹿特丹港位于莱茵河与马斯河河口,西依北海,东溯莱茵河、多瑙河,可通至里海,有"欧洲门户"之称。港区面积约 100 平方千米,码头总长 42 千米,吃水最深处达 22 米,可停泊 54.5 万吨的特大邮轮。港区基础设施归鹿特丹市政府所有,日常港务管理由鹿特丹港务局负责,各类公司承租港区基础设施发展业务。

"二战"后,随着欧洲经济复兴和共同市场的建立,鹿特丹港凭借优越的地理位置得到迅速发展:1961 年,吞吐量首次超过纽约港(1.8 亿吨),成为世界第一大港。此后一直保持世界第一大港地位。2000 年,吞吐量达 3.2 亿吨,创最高纪录。鹿特丹年进港轮船 3 万多艘,驶往欧洲各国的内河船只 12 万多艘。鹿特丹港有世界最先进的 ECT 集装箱码头,年运输量达 640 万标准箱,居世界第四位。鹿特丹港就业人口 7 万余人,占全国就业人口的 1.4%,货运量占全国的 78%,总产值达 120 亿荷兰盾,约占荷兰国民生产总值的 2.5%。

鹿特丹港区服务最大的特点是储、运、销一条龙。通过一些保税仓库和货物分拨中心进行储运和再加工,提高货物的附加值,然后通过公路、铁路、河道、空运、海运等多种运输路线将货物送到荷兰和欧洲的目的地。

鹿特丹港区是该市的主体,占地 100 多平方千米,港口水域 277.1 平方千米,水深 6.7—21 米,航道无闸,冬季不冻,泥沙不淤,常年不受风浪侵袭,最大可泊 54.4 万吨超级油轮。海轮码头总长 56 千米,河船码头总长 33.6 千米,实行杂货、石油、煤炭、矿砂、粮食、化工、散装、集装箱专业化装卸,同时可供

600 多艘千吨船和 30 多万艘内河船舶,年吞吐货物 3 亿吨左右。港口货物的运输干线莱茵河、高速公路、港口铁路与国内外交通网相连。进港原油除经莱茵河转运外,还铺设运输油管道直通阿姆斯特丹以及德国、比利时。大宗过境货运占货运总量的 85%,其中原油和石油制品占 70%,其余为矿石、煤炭、粮食、化肥等。进出口主要对象国为德国、英国、法国、意大利等欧盟国家。从 20世纪 60 年代起鹿特丹一直保持着世界第一大港的地位,但仍然不断加强泊位建设,更新设备,提供许多特别服务。

鹿特丹港是世界上主要的集装箱港口之一。早在 1967 年,一些码头装卸公司敏锐地发现集装箱在世界上的发展潜力,并进行了巨大投资。鹿特丹港已成为欧洲最大的集装箱码头,它的装卸过程完全用电脑控制,码头上各种集装箱井井有条地堆放在一起。1982 年它就可装卸 216 万标准箱,超过了纽约港的 190 万箱。如今,鹿特丹集装箱装卸量已超过 320 万箱。

4.7.1　鹿特丹港的发展现状

鹿特丹港拥有全球最为先进的现代化设施、庞大的腹地网络和重大投资项目。近几年来,超数十亿欧元用于投资扩大鹿特丹港多式联运网络、建设马斯平原二期工程、加深加宽港池,以建造更先进的码头。随着港区建设的推进,现今鹿特丹港区面积扩大为 12606 公顷,其中包括陆域面积 7796 公顷,水域面积 4810 公顷。拥有总泊位 656 个,航道最大水深 24 米,是 500 多条航线的船籍港或停靠港,通往全球 1000 多个港口,货运量占荷兰全国的 78%,近年来停靠鹿特丹港的大型船舶数量也呈现上升趋势。

根据最新数据,现鹿特丹港分为瓦尔—埃姆港区(Waal-Eemhaven)、梅尔沃港区(Merwehaven)、维尔港区(Vierhavens)、波利斯港区(Pernis)、博特莱克港区(Botlek)、欧罗波特港区(Europoort)和马斯莱可迪港区(Maasvlakte)这七个港区,港口主要以处理液态散货和集装箱为主,其码头通过能力达每年2.15 亿吨,集装箱通过能力达每年 1700 万 TEU;在液态货物方面,鹿特丹港除了专业化的液态散货码头,还拥有 5 个炼油厂、45 家化工和石化公司、3 家工业燃气生产商以及长达 1500 千米的输油管线,其液态散货的吞吐量占欧洲前十位港口液态散货吞吐量总和的 50% 以上；在集装箱处理方面，鹿特丹港的集装箱码头纵深 900 米，码头前沿最大水深 24 米，可接纳现今最大的集装箱船进行装卸，既可进行吊上吊下作业，也可进行滚上滚下作业。在自动化的控制下，装卸船效率每小时可达 50—60 箱，且经过 ECT 自动化，港口大部分的集装箱装卸和堆放由自动化装卸设备和电脑控制的无人 AVG 车进行操作。

4.7.2 鹿特丹港吞吐量现状

货物吞吐量和集装箱吞吐量是衡量港口实力的众多指标中最直观、最核心的指标。金融危机后，全球航运市场有缓慢回暖趋势，鹿特丹港货物吞吐量逐渐回升，受全球经贸增长缓慢影响，其吞吐量增速呈现下降趋势。直到 2015 年，由于全球油价的下跌，炼油厂对于油类的需求增大，使得鹿特丹港的原油及成品油输入和输出量均有所提升，受益于此，2015 年鹿特丹货物吞吐量增速上涨至 4.88%，对应货物吞吐量达 4.6 亿吨，达历年来最高水平。而在 2016 年，由于荷兰进一步推进清洁能源的使用，以及中国钢铁制品的倾销，使得鹿特丹港干散货吞吐量严重下跌，总体吞吐量增速下降了 1.16 个百分点。具体情况如图 4-1 所示。

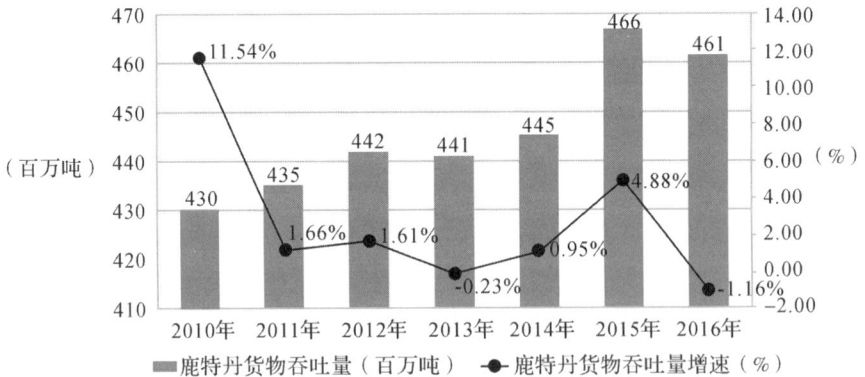

图 4-1　鹿特丹港货物吞吐量发展情况

从集装箱吞吐量来看，同样在金融危机后，集装箱运输市场出现复苏趋势，增速于 2010 年重新高涨至 13.93%，但 2010 年后增速开始出现下降，2012 年在全球港口集装箱吞吐量排名中跌出前十；至 2015 年受航运不景气影响，

增速下跌至 -0.51%;但 2016 年鹿特丹港集装箱增速再次逆势上扬,重现正增长,一方面是因为鹿特丹港与欧洲多个国家内河支线及近洋运输班次的增多使得滚装货运输量不断上升,另一方面是由于马斯平原二期建设的两个新集装箱码头为鹿特丹港带来了更多的集装箱吞吐增量。随着鹿特丹港口设施的完善和升级,集装箱吞吐量仍有上升空间。

4.7.3　鹿特丹港集疏运体系发展现状

鹿特丹港近年来不断扩展其多式联运网络,所以其集疏运系统十分发达,货物在运达港口后,通过铁路、海运、河道、管道、公路、空运等多种运输路线送至荷兰其他地区和欧洲的各个运输终端。

在铁路集疏运上,现在每周有超过 250 班次铁路联运服务在鹿特丹港启动和结束。且鹿特丹铁路服务中心(RSC)就位于鹿特丹港内,专门负责管理铁路班列和相关联运事务。至 2016 年鹿特丹港水铁联运比例已达 12.2%,随着港口的不断发展,鹿特丹力争于 2020 年铁路集装箱运量达 30 万 TEU 以上,海铁联运比例达 20% 以上。目前鹿特丹运输铁路已覆盖周边许多国家,其中覆盖地点最多的是意大利和德国,分别覆盖 70 和 80 个送达地点,且鹿特丹与德国之间有一段长达 160 千米的国际货物运输铁路专线,为鹿特丹港的中转运输提供了有力的支撑。

相比铁路运输,内河运输是适用于鹿特丹港和欧洲其他内河沿线目的地之间可靠、安全、高效且可持续的货物运输方式,大量货物通过价格低廉且低排放量的驳船运输,到达目的地。现如今鹿特丹大量内河船队通过马斯河和莱茵河从鹿特丹的码头直达荷兰、德国、比利时、法国、瑞士和奥地利的主要经济中心。航行时间为少于 1 天(譬如目的地为:荷兰、德国和比利时)到 4 天(譬如目的地为:瑞士的巴塞尔)不等。虽然 2016 年内河运输比例与 2014 年相比略有下降,为 41.6%,但与 10 年前相比上涨迅猛,在鹿特丹港集疏运结构中占据着非常重要的地位。

短途运输上,鹿特丹港公路运输占据极大比例,现在鹿特丹港 40% 通过卡车运出港区的货物留在鹿特丹地区,一半的货物配送给荷兰市场,仅有 10% 从鹿特丹发运的货物跨越国境。但公路运输的占比仍高达 46.2％,而随着运输结构的优化,外贸往来的加强,公路运输货运量势必也会呈现下降趋势。

4.8　吸引力与竞争力(代表城市——新加坡)

国际化法治化的营商环境是推动全球城市发展的助推器,也是衡量城市吸引力、竞争力和发展潜能的重要标志。全球海洋中心城市普遍以优良稳定、开放包容的营商环境著称于世。科尔尼集团于 2019 年首次发布的《全球城市营商环境指数》,围绕商业活力、创新潜力、居民幸福感、行政治理四个维度,对全球 45 个国家的 100 座领先城市的营商环境进行了考察排名,纽约、伦敦、东京、新加坡等全球海洋中心城市都稳居世界最佳营商环境城市第一梯队。世界银行发布的《2020 营商环境报告》也显示,新加坡连续 4 年位于全球第二位,其高效的施工许可证申办、企业开办、税收缴纳和货物通关等为企业提供了极大便利。

4.8.1　国际航运中心

新加坡建国以来,在适应船舶大型化、重吨位化要求的全球航运发展浪潮中,政府当局与相关行业紧密协作,通过改建和新建集装箱专用码头、配合积极的集装箱中转政策、整合实现集装箱规模化经营的自动化电子信息系统,大力发展港口和航运业,并延伸至航运金融、保险等业务,就此成为世界的海运枢纽。

新加坡港近年来已成为世界上最繁忙的港口,在挪威 Menon Economics 发布的 2012 年、2015 年、2017 年"世界领先海事之都"评价结果中,新加坡三次位居榜首,是名副其实的国际集装箱中转中心,在全球集装箱运输系统中发挥着重要作用,除此之外,新加坡在发展集装箱航运过程中衍生出诸多附加功能和业务,在提升国际航运中心能级的同时,完善了现代意义上的综合服务功能,成为远近闻名的航运服务中心。

4.8.2　亚洲金融中心

新加坡是传统的转口货物贸易中心,为建成国际贸易枢纽,新加坡大力推进自由港建设,并发展班轮航线,大力发展航运金融、保险等,完善物流产业链。同时,随着国际间航空运输技术对国际部分海运体系的替代,新加坡还建立了发达的海空一体化运输体系,并在全岛建立了"新加坡综合网",为贸易运作提供了良好平台。

目前新加坡服务贸易占 GDP 的比例约为 1/3,主要集中于通信、金融、信息及技术等新兴服务业,其出口额约占服务贸易总出口额的 53%。据统计,各类跨国公司在新加坡设立当地企业的超过 7000 家,其中 60% 左右以其为基地管理区域业务。从高端服务业集聚程度、发展态势和跨国公司集聚角度来看,新加坡国际贸易中心、金融服务等功能已逐步向高级形态提升,航运贸易逐渐向航运金融转变,其在亚洲乃至全球的航运金融中心地位已经逐渐确立。

4.8.3　世界第三大炼油中心

20 世纪 60 年代末新加坡商业和转口贸易开始繁荣,新加坡实施的进口替代工业化带动了国内石油产品需求增大;新加坡政府在毫无本土石油资源的情况下,充分挖掘马六甲海峡的区位优势,利用海上石油通道枢纽的地理条件,开始大力发展炼油工业。随着新加坡面向出口工业和其他经济部门的飞速发展、亚太地区经济持续高速增长,新加坡凭借发达的石油贸易、完善的市场贸易机制,在政府对石油贸易不干预的状态下,建立大量独立存储设施,促进石油工业发展。

经过多年努力,新加坡已经成为具有世界级规模的石油和化工生产基地。新加坡原油炼制每天超过 130 万桶,日原油加工量占东南亚地区生产总量的 40%。新加坡已经成为东南亚地区主要的石化产品供应中心、世界第三大石油国际贸易中心和第三大炼油中心。

4.8.4　亚洲海洋工程装备制造基地

新加坡在发展航运事业的过程中,成为众所周知的世界修船中心,并实现了"修船—改装—建造"渐进式发展。在海洋工程制造业发展重大机遇面前,新加坡积极引进外援,强调自主创新,鼓励外国企业根植于新加坡,为本土的技术创新注入活力。新加坡大力扶持国家级超大型海工装备企业走向国际,鼓励其实施在各大产油区建立服务网络的全球发展战略,走海洋工程总承包的道路。新加坡还一直在争取在由韩国、日本和挪威垄断的海洋工程建造中的更大份额。为了满足新一轮对从海底开采石油和天然气供应市场的海上钻探船和钻井平台的需求,新加坡的造船企业正在寻求扩大海上石油钻井平台的建造能力。

4.9　全球海洋中心的优劣势——以深圳为例

对当前国际上的海洋中心城市进行分析,其中具有代表性的包括美国纽约、英国伦敦、日本东京、中国香港等,这些城市基本上都与大海紧密相连。虽然它们都是国际上名副其实的中心城市,但它们的发展之路却有着明显的差异,有其各自的特点(表4-1、4-2)。

表4-1　全球海洋中心城市地理位置分析表

城市	地理位置	优点
新加坡	位于马来西亚半岛南部,马六甲海峡南部咽喉	从与东南亚诸国相关位置看,新加坡地处物产富饶的东南亚中心,可称为"物产集散地""货物转运站"。 从海陆位置看,新加坡地处马六甲海峡东口,处在太平洋与印度洋的航运要道上,扼守"十字路口"的交通"咽喉",又有天然良港,有利于各国船舶的停靠、中转。 从纬度位置看,新加坡位于赤道附近,属热带雨林气候,风光优美,有利于发展旅游业。

续　表

城市	地理位置	优点
纽约	位于纽约州东南哈德逊河口,濒临大西洋,北美五大湖入海口	纽约港是北美洲最繁忙的港口,亦为世界上天然深水港之一。1980 年吞吐量达 1.6 亿吨,多年来都在 1 亿吨以上,每年平均有 4000 多艘船舶进出。由于纽约位居美国大西洋东北岸,邻近全球最繁忙的大西洋航线,再加上港口条件优越,又以伊利运河连接五大湖区,因此奠定了其全球重要航运交通枢纽及欧美交通中心的地位。 纽约的农业和林业资源也相当丰富,拥有农场 4 万家,约占全州土地面积的 25%。
汉堡汉萨自由市（德语：Freieund Hansestadt Hamburg）	位于不莱梅东北部易北河岸,是德国北部一座美丽的港口城市,是德国第二大城市,仅次于柏林	汉堡市距离北海和波罗的海不远,海轮可从北海沿易北河航行而抵达汉堡。 汉堡港,不仅是德国最大港口,也是国际上最现代化的港口之一。港口面积 100 平方千米,约占城市总面积的 1/7。有大小码头 60 多个,可同时停泊 250 多艘大型货轮。航道低潮时水深也在 11 米以上,万吨巨轮可沿 120 千米的易北河航道从北海驶进港口。该港拥有 300 多条国际航线,同世界上 1100 个大型港口保持联系,每年进入港口的船只近 2 万艘,年吞吐量 6000 万吨左右,素有"德国通向世界的门户"的称号。
奥斯陆	位于国土南部,坐落在奥斯陆峡湾北端的山丘上,面对大海,背靠山岱	城市布局整齐,风格独特,环境幽雅,风景迷人。 城市濒临曲折迂回的奥斯陆湾,背倚巍峨耸立的霍尔门科伦山,苍山绿海相辉映。它既有海滨都市的旖旎风光,又富于依托高山密林所展示的雄浑气势。 奥斯陆临近北海大西洋,受盛行西风以及沿岸暖流的影响,形成温带海洋性气候,气候相对温和,全年降水较多。奥斯陆城市面积的 75% 为森林和耕地,人均绿化面积居欧洲各国首都之首。城市位置濒临海湾,空气湿润,气候温暖适宜。
上海	地处东经 120°52′ 至 122°12′,北纬 30°40′ 至 31°53′ 之间,位于太平洋西岸,亚洲大陆东沿,中国南北海岸中心点,长江和黄浦江入海汇合处	位于北纬 30 度左右,气候条件好。 附近矿产资源丰富。 位于长江入海口,水资源丰富。中国长三角前沿,腹地广阔。长三角作为我国最发达的地区之一,为上海的发展提供了强力的支持。 位于我国东部地区,人口多,劳动力丰富。 位于长江中下游平原上,工农业基础好。 沿海位置,海运方便。 铁路交通是南北的枢纽。

续　表

城市	地理位置	优点
鹿特丹	北纬 51°55′，东经 4°29′，位于欧洲莱茵河与马斯河汇合处	鹿特丹港是欧洲最大的海港，近年来甚至是世界上最大的海港。 鹿特丹是连接欧、美、亚、非、澳五大洲的重要港口，素有"欧洲门户"之称。 鹿特丹气候冬季温和，夏季凉爽，1 月最冷，平均气温 1℃，7 月最热，平均气温 17℃，年降水量 700 毫米。
宁波—舟山	坐标介于东经 121°30′~123°25′，北纬 29°32′~31°04′，位于浙江省东北部，东临东海、西靠杭州湾、北接上海市	舟山群岛四面环海，属亚热带季风气候，冬暖夏凉，温和湿润，光照充足。 西靠宁波、杭州，北接上海，更有长三角洲作为腹地，等大陆连岛大桥通车以后，距宁波、杭州、上海分别只有 1 小时、2 小时、4 小时经济圈。 舟山拥有中国最大的渔场，有丰富的渔业、海洋资源，有良好的深水港口。 舟山群岛景色优美，有四大佛教名山之一的普陀山，有金庸笔下的桃花岛，有美丽的嵊泗列岛、渔都沈家门，等等。
伦敦	位于英格兰东南部的平原上，泰晤士河贯穿其中，城市中心坐标为北纬 51°30′、东经 0.1°5′	伦敦受北大西洋暖流和西风影响，属温带海洋性气候，四季温差小，夏季凉爽，冬季温暖，空气湿润，多雨雾，秋冬尤甚。海岸线狭长，拥有丰富的优良港口，伦敦港为英国的第一大港。 位于平原，气候适合多汁牧草生长，畜牧业资源丰富，且适宜人类居住。

表 4-2　全球海洋中心城市优缺点

城市	城市发展优点	城市发展缺点
新加坡	综合能力强，海洋产业集群高度发达，金融资本与高新技术投入多，现代海洋高端服务业发展好，营商环境优越	资源短缺，无石油、无煤矿、无天然气
汉堡	航运业发达，地理位置优越，与内陆腹地连接便利，港口内装卸设备先进，机械化和自动化程度极高，港—铁—陆—空无缝隙运输	港城一体化割裂，破坏了港城的良性互动，疏港交通破坏城市空间连续性
伦敦	国际海事金融中心，资金在这里聚集、配置，金融服务已经成为一个产业集聚沟通机制，政商发展环境良好，金融与服务的便利性及国际竞争力强	伦敦银行就业人数所占比例较小

续　表

城市	城市发展优点	城市发展缺点
奥斯陆	海事技术集群,海事科研技术一直居于世界领先行列,挪威海事技术研究院、挪威船级社和挪威特隆赫姆大学的海事工程科研支持其技术永居世界领先地位,海洋特色产业位居世界前沿	相对于综合性的海洋金融中心伦敦,奥斯陆的规模较小
上海	规划目标清晰明确,海洋科技水平开放扩大,海洋综合保障体系良好	全球海洋资源配置能力有待增强,现代海洋经济结构还需优化,海洋科技创新策源和引领能力不够突出,全球海洋事务治理能力亟须提升
鹿特丹	现代化设施先进,腹地网络庞大,集疏运系统十分发达,拥有高品质的后勤服务和高效的运输系统	—
青岛	海洋科研实力在全国排名靠前,海洋基础研究和海洋经济总量具有优势,自贸片区建设良好	交通网络建设相对滞后,海洋科研成果产业化程度低
深圳	拥有先天的区位和天然良港优势,深圳海洋产业已初具规模,优势产业较突出、海洋旅游资源发达、高新技术产业集聚	海洋管理机构力量不足,港口的带动作用逐渐减弱,海洋科研创新发展存在短板,港城矛盾制约海洋发展空间,海洋生态环境尚未达标
连云港	处于全面对外开放的前沿,国际辐射能力很强,江苏"十三五"海洋经济取得了长足发展,海水养殖、海洋旅游、海洋物流运输、海洋生物制药、风能设备等产业发展良好	海洋经济发展与整体经济发展不匹配,江苏海洋经济第一、二、三产业分散,带动力弱,海洋整体服务功能和服务水平较差
厦门	有优良的港口和航运基础,生产作业全流程智慧化,海洋科技创新资源整合良好	国际海洋治理参与度不足,海洋文化建设不足,缺乏海洋教育科研机构建设

　　深圳作为珠三角城市群中的翘楚,更需要对自身城市职能进行最大程度的发挥,使海洋中心城市的作用得以充分的利用。在建设这一宏大目标的过程中,深圳具有以下特点。

4.9.1 资源优势

(1)天时

我国在党的十八届三中全会上正式提出了建设"21世纪海上丝绸之路"的倡议,此外,南海作为我国对外进出口与经济贸易的关键区域,已经成为我国打造海洋强国的重要基地之一。深圳毗邻南海,位居粤港澳大湾区,恰可承担起实现海上丝绸之路桥头堡的重担。而对南海进行高水平开发,将会使得我国的海洋经济拥有更高附加值功能。因此,深圳近年来正处于发展海洋经济最好的机遇时段,正可谓获得了"天时"。

(2)地利

深圳有自身明显的地利优势。首先,深圳地处我国的南海之滨,其覆盖的海域面积达1145平方千米,而海岸线的长度达260千米,地处珠三角城市群的中心,且与香港一衣带水,无疑是大湾区与世界进行对接的关键门户。其次,深圳又处于丝绸之路、亚太主航道的要冲地段,是我国与南太平洋距离最近的中心城市。正是这种地利优势,使之拥有了国际中心城市的重要竞争力。深圳市所拥有的广大海域面积,为其发展提供了重要的发展支持,其中深圳港在2019年完成了2577万标准集装箱的吞吐量,在全球名列第四。而该市诸多如滨海旅游、能源建设等临海经济产业,也得到迅速发展。深圳市东部160千米的海岸线上拥有优质的沙质海滩、山地、港湾等,该地缘优势使其获得了较为丰厚的旅游资源。在2019年《孤独星球》将深圳排名为全球十大最优旅行城市第二名,同时国际旅游业理事会也将深圳评为世界十大旅游城市。

(3)人和

深圳人口流动性较大,加之对各类人才给予了高度重视,吸引了众多具有创新活力的优秀人才,使深圳彰显出明显的"梧桐树"效应。尤其是在科研方面,市政府积极强化科技研发的资金投入,推出各类优惠政策,使得智库规模不断壮大,创新成果不断产出,"筑巢引凤"效应日益明显。此外,深圳市近年来还积极推动科技成果转化,产业转型,使其科技孵化和成果转化效率不断提升,极大地提升了该市的创新能力,并使其朝着多元化、高端化的方向发展。目前,该市已被评为全国第一个创新城市,同时也是首个国家级自主创新示范区,其研发投入占所有 GDP 的 4% 以上,接近国际发达国家水平。另外,在过去 13 年里,PCT 专利数量也在全国范围内稳居首位,基本上构成了全方位开放式的创新生态系统。而在海洋改革领域,已被评为第一个海洋综合管理示范区。如今,深圳市正在积极建设涉海产业实验室,其中 5 个国家级、6 个省级、11 个市级重点实验室,还有 3 个市级工程中心,这些都表明深圳市已经赢得了丰厚的"人和"优势。

(4)雄厚的经济基础与完备的海洋产业

历经 40 余年的改革和发展,深圳的经济规模与实力都得到了极大的提升。2019 年所创造的生产总值已超 2.7 万亿,位居全国城市排行榜第三位。如今深圳正在逐步打造极具创新性的新兴产业,其中囊括了海洋生物医药、高端智能装备、电子信息与邮轮游艇等。它们在整个海洋经济总值中的占比超过了九成。该市还成功创建了千亿级别的产业集群,其中代表性的有海洋现代服务业与高端装备智能制造业。此外,还创建了高端海洋产业园区、服务业聚集区、盐田港等。在推进高新战略新产业的同时,该市还积极升级沿海养殖业与海洋牧场建设等传统海洋产业,这使得该市海洋产业有着新老互补的特色。在资金投入上,除政府投资外,民间融资和公司自有资金都有相当的份额,为自主创新的推动注入了强劲的外源动力。

(5)优越的营商环境

深圳作为我国重要的经济特区,在市场化水平方面已经达到了全国领先。如今,该市先后出台多达二十条的营商优惠政策,另外还有"二十五条外贸稳增长""二十八条降低实体经济成本"等规定,积极营造法治化、国际化、市场化的全球先进贸易环境。譬如蛇口自贸片区,该区积极推动金融领域的创新,大力提升投资水平与法治环境,部分行业已经达到了全球先进的自贸等级。此外,金融业作为典型的战略性支柱产业,深圳市大力推动金融市场的发展,成功创建了科技、网络、层次化的金融市场系统,在信托、基金、财富管理、融资等诸多领域拥有了雄厚的实力,这使得该市成为国家经济最为活跃的城市之一。而其金融体系也为该市的海洋经济发展提供了重要的资金支持,优质的国际海洋资产也能得到同步的购入。

4.9.2 蓝色"优势"

(1)蓝色经济

为实现海洋强国尖兵的未来愿景,深圳在其海洋高端装备、生物医药、资源开发、信息与港口服务等诸多领域进行了高水平发展,并逐步在国际上达到了领先地位。其中在海洋高端装备领域,突出其高端化与智能化,大力推动创新机构的筹建,成功建设了专业级研究院,如中船南方海洋工程技术研究院。加大了该领域核心技术的科研力度,并在此领域积极发展全球领先型公司。此外,积极发展电子信息产业,将陆地优势进一步拓展到海洋领域,研发多种探测设备和电子传感器,创建相应的示范基地。深圳市同时积极勘探深海资源,发展深海相关方面的关键技术,譬如深海传感器、深海组网、海底通信定位设备等。在面对某些尖端技术的国际封锁和卡脖子情形时,积极推动无人机、无人艇、卫星、海洋遥感等技术来逐步实现国产化发展。海洋生物医药层面上,深圳充分发挥其生物产业优势,大力推动相应管理平台的建设,积极创建中试基地,将有关医药的基础研究进一步扶植、孵化至上市转化。同时还积极推动了生物基金种子资源库的创建,如华大精子库、特殊基因功能库等。除了医药外,一些具有功能性的海洋水产类创新食品也得到了长足发展,如推动优质海水鱼生物基因工程的发展,积极攻克相关疫苗研发的难题,以及培育相应的国际领先生物医药公司等。在海洋资源开发领域,着重勘探南海油气资源,目前已借助龙头公司,如中海油、中集集团、中广核集团等进行可燃冰、海洋风能、核能等新能源的开发,建设了相应的研发中心,为这些组织开发拥有自主知识产权的相关核电、风电等新能源设备及有关技术提供支持。除了近海,一些深海项目也层出不穷,如采用深水网箱进行优质鱼类(石斑鱼、鲕鱼、金枪鱼等)的养殖,可为人类输送高端海洋蛋白。此外,深圳市正在积极规划国际金枪鱼交易中心、远洋渔业基地等的建设。

在推动服务经济发展上,深圳市也进行了积极的尝试,尤其是海洋金融服务。目前在积极建设国际海洋开发银行,并以前海为核心,积极推动我国蓝色金融改革试验区的建设,以供研发各种创新的金融产品,譬如商业理保、海洋产权交易、供应链金融等。当然,在进行金融体系的建设中,还对该市的港航服务进行积极优化,使得该市的航运中心得到进一步强化,为将该市打造成具有国际领先、智能化的中转港服务。目前已形成以蛇口自贸区为窗口的突破口,整合了区内优势资源,完成了自贸港的创建,吸引着国际船级社来该市发展相关业务。

(2)蓝色科技

深圳市大力推动科研机构的发展,成功规划了专业的海洋大学,在该市的相关高校也积极推动海洋学科的发展,同时积极创建深海科考中心以及国家级平台,探秘深海资源。除此之外,制定了完善的人才引入标准,全球范围内吸引海洋高端人才,引进顶尖团队,创建国际化的海洋智库。在科技示范层面,积极推动产城、海城的融合式发展,并在此基础上创建了"大空港—前海"的海洋科技走廊。将前者的海洋新城作为辐射中心,构建海洋联动性产业集群;然后基于后者的现代化服务区,打造创新性的科技聚集区,取得了蛇口海洋城的突破性进展,并将其设定为示范区。此外,以国际化科技创新中心为基础,积极推动了科技服务的发展,使得海洋领域的技术服务水平得到空前的增长。其中,深圳市对知识产权的保护与利用高度重视,大力强化有关智力型资产评估组织的建设。同时积极辅助诸多中介服务公司的发展,如为中小公司提供担保服务,对产业信息公开机制进行完善,对相应经济数据进行统计,以及完成相应标准的制定等。除此之外,深圳市还大力支持海洋领域学会、协会、科普机构等相关组织的成立与发展。

(3)蓝色文化

为推动全球活力海岸带的创建,需要将"生产、生活、生态"进行有机融合,进而完成生态空间格局的营造。在此过程中则要积极对当地的滨海湿地、沙滩等资源进行保护,同时还要对海洋生态红线管理机制进行落实。深圳市为达成这一目标,积极创建蓝色文化,利用公共空间,在深圳湾建设了15千米的蓝色长廊,形成了优质的滨海休闲带。此外,还在积极改造前海湾,规划建设人工沙滩与滨海文化公园,持续丰富该区域的文化内涵。除"硬件"的建设外,为进一步提升海洋文化底蕴,深圳市在"软件"上也下足了功夫。首先,其集思广益,积极收集大众建议,采纳学者构建"海洋 Plus"各类平台的构想,规划建设像深圳歌剧院、海洋博物馆等极具海洋文化属性的地标建筑。其次,积极推动海洋体育项目的发展,规划在盐田完成"一中三基地"的建设。同时,利用其发达的邮轮产业带动发展旅游业,推出高质量的邮轮国际航线,实现深圳滨海旅游业的纵深发展。此外,对海洋文化习俗进行传承与发扬,推动海陆实现高度融合,并从文化视角占领海洋文化高地。为不断推动蓝色文化的发展,深圳市海洋资源局等部门在 2020 年成功推出一系列微综艺节目,如《深爱海洋》《深蓝讲坛》《直播带"海货"》等,以互动形式将深圳与国际知名的海洋城市进行对比,讲述深圳的蓝色历史,推动蓝色电商的发展。节目的播出引起强烈的反响,极大地推广了当地的各类海洋产业,使得海洋经济、人文与网络文化有了有机的融合。再者,深圳不忘汲取国际智慧,该市自然资源局等部门在 2020 年成功组织了具有较大影响力的海洋专家论坛,与会海内外顶级专家多达 13 位,并为该市的蓝色海洋战略进行相应的讨论与畅想。其中学者 Mitropoulos 就明确表示,该市在实现本地区经济进一步发展过程中,将海洋作为重要的战略无疑是十分正确的。学者 Wilson 则为深圳的蓝色文明发展提供了多达 11 个目标,其中囊括了创建蓝色职业中心、抢占人力资源高地等。

（4）蓝色安全

环境安全是发展海洋经济、维护海洋权益的重要保障,深圳市为加强蓝色安全建设,做了以下努力。首先,成功完善了海洋安全信息网络。目前该市已经成为国家海洋立体观测网的重要试点城市,通过引入大量科技监测,其水文观测数据精准度、有效性都得到明显提升。成功建设了相应系统,整理出该市近半个世纪有关风暴潮灾害方面的内容,同时创建了相应的防灾减灾基础数据库,以进一步对沿海轨道交通和路面交通进行海洋灾害风险的排查,解决了原先有关海洋灾害预防的空白问题,使该市的地铁运营安全应急预案更为完善。另外,该市还创建了相应的预警会商机制,先后完成了深圳市《海洋自然灾害防减灾专项规划》等多项水文、气象等级的制定,规范了国家海洋环境预报中心等相关应急工作。在 2020 年的世界海洋日,深圳广电集团还推出相应电视节目,积极播报海洋预报方面的信息,普及海洋安全相关知识,使得这方面的信息直接贴近广大群众。其次,深圳市全力打造先进的,具有信息化与立体化的巡航系统,该巡航系统将"天""海""空""岸"四个平台进行有机融合。不断加强海洋执法基础设施的创建,使得有关执法装备能力得到明显提升,一些机动性高、性能先进的执法船艇开始得到有效的日常应用,如今应用于执法的船艇数量已经达到 34 艘。近期,由政府投资 3.7 亿元的 3000 吨级旗舰艇正在紧锣密鼓的建造中,该舰长 115 米,宽 15 米,吃水深度 4.2 米,装配了诸多先进设备,如卫星航电、在线讯号、实时可视等,可有效支持远洋维权与执法监察。最后,构建全面的沿海守卫系统。对标国际先进城市,该市人大常委会正式通过《海域使用管理条例》,其中完善了"立、执、司、守、法"等诸多环节。借助动态监管系统对周围的非法围填海等问题进行严格处理,从严执法,严厉打击破坏海底珊瑚,向海洋倾倒淤泥与渣土,非法开采海砂等破坏生态环境的行为。同时,该市推出的"智慧渔港"项目,也已成功对接到天地图中,同时还集成了渔船北斗定位数据与台风数据库等,2020 年8 月正式完工并投入运营。

4.9.3 深圳优势的端倪

2018 年 9 月,深圳市明确了《关于勇当海洋强国尖兵加快建设全球海洋中心城市的决定》精神,要从全球治理、文化生态、科技创新、经济产业等诸多领域来实现可持续发展、合作开放、海陆融合,最终使得深圳成为示范性的具有中国特色的海洋中心城市。目前,深圳已经取得了一定的成效。

(1)多产业支撑了海洋经济的飞速发展

海洋产业、高新技术产业、金融业与物流业并称为深圳市的四大支柱产业。目前,海洋经济已经成为该市的重要支柱。根据最新统计数据显示,涉及海洋经济的公司数量已经超过 7300 家,相较于整个广东省而言,占比已接近四分之一。在 2018 年,该领域的总产值突破 2300 亿元,占全市 GDP 的比例为 9.6%,相较于 2017 年增长了 4.63 个百分点。除此之外,该市的海洋油气、运输、旅游产业不断聚集,先后形成了营业规模超过百亿的龙头公司,如中集集团、华侨城集团、华润集团等,使海洋经济在该市的经济比重不断增长,其年均增速超过三成,成为战略新兴产业的关键培育点。从深圳市海洋新兴产业的内部构成来看,高端装备业也是其新兴产业的关键性主体,这使该市的海洋经济在相关龙头公司的带领之下,经济形态继续朝着高端化、创新化的方向发展。此外,深圳市在高端装备领域也发展出极具国际性的龙头公司,譬如汇川技术、友联船厂、中海油集团、中广核集团等,以及一些海洋工程装备公司,其数量已超过 160 多家。其中友联船厂创立了国内第一家 LNG 修理船厂,极大地巩固了其龙头地位。而招商局开发的"天鲸号"挖泥船,更是被业内誉为"造岛神器",其并行建造完成的潜水支持型大型载体船,标志着我国深水工程设备达到了全球领先水平。另外,招商局、中集集团还对相关海工板块进行组建,成功打造了"中国海工"集团,赋予了它国际性海工装备标高企业的身份。除此之外,深圳在海洋电子信息领域也取得了巨大突破,信息电子产业总值在全国的占比中达到了 16.7%,而高新技术产业体系的规模也十分可观。其中形成了一大批行业知名公司,如华为、中兴通讯、海能达通信等,且很多公司都积极投入海洋领域电子信息技术的研发中,如 5G 通信、北斗导航等。目前,中海油开发的中海北斗系统,在国际海域陆域的定位精度可实现 10 厘米分辨率。在海洋油气领域,深圳市也收获颇丰,以海上钻井平台开发为例,该领域一直处于国际领先水平,囊括了产业链的设计、建设、应用等诸多环节,诞生了一系列优秀且具有发展潜力的涉海公司。譬如中集集团就获得了超过 400 件的海工专利,开发的"蓝鲸一号"超深水钻井平台,在可燃冰开采上首屈一指。深圳海斯比船艇科技有限公司成功实现了从豪华游艇研发设计到销售的转型,是首批国家认定的高新技术企业中唯一的一家船艇行业企业。此外,中集海工所交付的半潜水钻井平台,数量占全国的八成。而招商局所开发的自升式钻井平台,在国内订单量上稳居第一,其 CJ 系列钻井台在全球范围内也占据榜首。

(2)新政策保障了海洋金融的稳步前行

在深圳市新政策的扶持下,其金融取得了巨大发展,囊括了诸多金融业态,如保险、证券、银行、创投与信托等,由此产生了颇具完整性的金融服务体系,以及较雄厚的金融基础。在融资服务方面,深圳市的商业银行以航运为对象,积极拓展相关的融资业务,譬如招商银行为航运公司提供了多元化的融资租赁服务,浙商银行、平安银行等为相关的公司融资问题提供全面的解决方案,为深圳市的海洋经济发展提供了大力支持。在计算机金融领域,该市建设了前海国际船艇交易中心,为船艇交易提供了完善的规则。同时该市还成功搭建了"航付保"平台,借助大数据平台和超算中心为中小航运公司提供相应的结算类增值服务,使船艇众筹金融模式得到了极大发展。此外,虽然深圳市目前处于海洋产业发展的初始阶段,但其凭借着蛇口自贸片区的发展优势,在 2018 年成功设立了海洋产业基金,起步规模高达 5000 亿元。海洋产业基金对我国当前的海洋强国战略具有重要的战略支持作用,其制定的相应政策积极地引导民间资本投入海洋领域,大力推动了该领域的核心、关键性技术的开发,并积极发展先进制造业,确保在国际上的话语权与定价权,以获取更多的国际资源。

（3）全方位推进了海洋科技的创新建设

国家公布的 7 个全国海洋经济创新示范城市中，深圳位居其列。为推动海洋经济创新示范城市的快速创建，促进海洋高端装备、海洋牧场等诸多创新产业的迅速发展，财政部给予了大力的资金支持，为城市的建设发展提供了战略资金，这部分资金采用奖励的方式进行，每个城市 3 亿元。深圳借助国家扶持这股"东风"，在 2018 年底成功搭载了 39 个创新型的载体，构建了一系列高水平的海洋创新体系。其中，高校和企业的研发平台中，技术与工程中心分别有 4 家和 6 家，另外还有 8 个重点实验室。高新技术企业自身构建的创新载体数量也多达 17 个，占比约 44%。另外，深圳市同时积极推动智慧港口建设。深圳港目前属于典型的集装箱枢纽港，发展规模日益扩大，已达到世界级水平。2018 年，盐田港与具有全球知名度的十四大港口（如鹿特丹港）共同发布了"深圳宣言"，表示将最大程度地发挥其港口枢纽功能。另外，该港口积极推动智慧、绿色技术的发展，大力引入清洁能源与先进的智能技术，其中已成功建设了由招商局所主办的 5G 智慧港口创新实验室，并在海星码头上开始使用智慧安防、巡检机器人等先进技术。

第 5 章

全球海洋中心
城市的发展

5.1　我国全球海洋中心城市的发展现状

我国在海洋强国战略与"一带一路"倡议推进下,海洋事业持续平稳发展,经济实力稳步增强。2020 年,虽然我国海洋经济发展面临新冠肺炎疫情和复杂国际环境的巨大挑战,海洋经济呈现总量收缩、结构优化的发展态势,但是主要经济指标持续改善,主要海洋产业稳步回升。我国正在由海洋大国向海洋强国转变,打造一批具有开放性、国际性的全球海洋中心城市是未来我国海洋事业发展的必然方向。目前,我国除了香港特区外,深圳、上海、广州、天津、宁波—舟山、大连、青岛 7 座城市相继提出创建全球海洋中心城市。2017 年 5月,《全国海洋经济发展"十三五"规划》提出,推进深圳、上海等城市建设全球海洋中心城市。2018 年 10 月,深圳发布《关于勇当海洋强国尖兵加快建设全球海洋中心城市的决定》,明确到 2035 年,基本建成全球海洋中心城市,将重点构建世界级绿色活力海岸带,打造国际滨海旅游城市。2018 年 1 月,《上海市海洋"十三五"规划》明确提出,上海将积极探索建设全球海洋中心城市。2019 年,上海市海洋局持续推进上海建设全球海洋中心城市政策措施研究,为编制"十四五"规划提供参考。

2017 年 12 月,广东省政府与国家海洋局联合发布《广东省海岸带综合保护与利用总体规划》,将广州、深圳建设成为全球海洋中心城市。

2019 年 12 月,天津印发《关于建立更加有效的区域协调发展新机制的实施方案》,落实海洋强国战略,积极参与海洋治理,建设全球海洋中心城市。

2020 年 3 月,浙江省《2020 年海洋强省建设重点工作任务清单》明确提出,2020 年,浙江将朝着"建设全球海洋中心城市"目标发力,由宁波、舟山分别启动推进全球海洋中心城市规划建设。

2020 年 4 月,《大连市加快建设海洋中心城市的指导意见》明确提出建设海洋中心城市的五大核心任务及阶段目标,到 2025 年,建成中国北方重要的海洋中心城市,到 2035 年,建成东北亚海洋中心城市。

2020 年 11 月,厦门市首次召开海洋发展大会,会上提出,厦门将建设"高素质、高颜值的国际特色海洋中心城市"。

2021 年 1 月,青岛发布《青岛市国民经济和社会发展第十四个五年规划和二〇三五年远景目标的建议》,提出到 2035 年青岛将以全球海洋中心城市昂首挺进世界城市体系前列。

5.2 我国的全球海洋中心城市建设的机遇与挑战

航运产业发展日新月异。随着中国经济外向度的持续提升及贸易进出口量的不断增长,中国航运产业发展前景广阔,已在世界航运市场中占有举足轻重的地位。据世界港口航运业权威机构《劳氏日报》发布的 2020 年全球百大集装箱港口榜单,2019 年度中国大陆共 6 个港口进入前十名。亚太港口组织(APSN)2020 年 6 月发布的《2019 年亚太港口发展报告》显示,亚太地区货物吞吐量排名前 30 的港口中,中国占据 17 席。此外,中国的年造船产能和航运量世界占比均为全球第一。从主要城市航运业目前的发展来看,国家定位的全球海洋中心城市上海、深圳,以及"自下而上"建设的宁波、舟山、广州、青岛和天津基本上都是港口吞吐量排名前列的城市。通过多年的国际航运中心建设,上海的航运业发展已经有了坚实的基础;倚靠粤港澳大湾区的深圳,通过深入拓展地区内的合作共赢,也必将在货物和集装箱吞吐量、智慧港口建设和航运服务能力等方面逐步跻身世界一流航运城市之列。

表 5-1　2019 年中国大陆主要港口货物吞吐量全球排名

港口	集装箱排名	货物吞吐量
上海港	1	2
宁波—舟山港	3	1
深圳港	4	—
广州港	5	5
青岛港	8	6
天津港	9	9
唐山港	—	3

海洋科技创新能力显著提升。海洋科技创新是海洋中心城市发展的重要驱动力。近年来,随着海洋强国建设的推进,我国海洋科技创新能力显著提升。由青岛海洋科学与技术国家实验室编制的《全球海洋科技创新指数报告(2020)》,通过对全球 25 个样本国家海洋科技创新相关指标进行全面周密的测算和分析,结果显示:近年来中国海洋科技创新发展迅速,中国全球排名 5 年间从第 10 位跃升至第 4 位。其中,涉海领域专利申请数量/国内生产总值、高校涉海领域专利申请量占比和企业涉海领域专利申请数量占比等三项指标位居全球首位。从城市层面来看,上海和深圳都是国家重要的科技创新中心城市。在建设具有全球影响力的科技创新中心的征程中,上海充分发挥同济大学、上海交通大学和华东师范大学等高校海洋学科的优势力量,在深潜、深测、深探等一批关键技术上取得了新突破,打造了海洋科技创新高地。深圳围绕"现代化国际化创新型城市"发展定位,充分整合粤港澳大湾区海洋创新资源,通过规划建设海洋科技创新高地、集聚海洋领域专业人才、吸引海洋科技教育机构来构建海洋科技创新体系,持续提升自己在全球海洋创新生态系统中的地位。

营商环境建设不断优化。营商环境是全球海洋中心城市软实力的重要体现。世界银行发布的《全球营商环境报告 2020》显示,中国营商环境由 2019 年的第 46 名上升至 2020 年的第 31 名,提升 15 位(比 2017 年提升了 47 位),连续两年入列全球优化营商环境改善幅度最大的十大经济体,在多项分指标领域已处在世界最佳水平。上海是世界银行《营商环境报告》在中国监测的两座样板城市之一,其营商环境改革举措也得到了世界银行的高度认可。全球著名管理咨询公司科尔尼管理咨询发布的《2019 年全球城市营商环境指数》报告以及全球营商环境友好城市百强榜显示,在全球 45 个国家的 100 座城市中,上海和深圳分别名列第 48 和 58 名,这为未来全球海洋中心城市的建设发展奠定了良好的环境基础。此外,致力于建设海洋中心城市的广州(65)、天津(75)、大连(82)、宁波(87)、青岛(90)等城市也入围了营商环境百强榜单。

"21 世纪海上丝绸之路"建设顺利推进。建设"21 世纪海上丝绸之路"的倡议提出以来,沿线的众多国家和地区切实参与到了其中,在经贸、交通、金融、文化、旅游和教育等领域取得了丰硕的发展成果。上海、深圳、天津、广州、宁波、舟山、青岛、大连等节点城市积极融入"21 世纪海上丝绸之路"建设,成为国际陆海贸易新通道的战略支点城市。中华人民共和国商务部及上海市人民政府主办的中国国际进口博览会是世界上第一个以进口为主题的国家级展会,体现了中国坚定支持贸易自由化和经济全球化的决心,为世界各国开展国际经济贸易合作搭建了平台。作为中国对外开放的前沿,深圳深度参与并积极嵌入"一带一路"发展网络。落户深圳的中国海洋经济博览会是我国唯一的国家级海洋经济展会,是展示中国海洋经济发展成就的重要窗口,也是展示全球海洋经济发展及最新成果的重要平台。

5.2.1 上海

近年来,上海海洋科技创新能力不断增强,在海底观测、深海钻探、海上风电、液化天然气船、水下运载器和机器人等高新技术领域取得重大进展,在深海钻探和深海大洋基础研究等领域居于国际领先地位。在船舶技术方面,上海首次将气层减阻技术与防污减阻涂层、新型节能装置等新型节能技术耦合应用于万吨级低速运输船,填补了国内气层减阻技术工程应用的空白;交验了国内首台带自主研发高压 SCR 的船用低速柴油机,其技术指标达到国际先进水平;成功研发 0.5—10 纳米扭矩标准装置,填补了国内空白,达到国际领先水平。在海洋智能装备方面,上海制造了我国无人深潜器"海马号""海龙号"

以及"海洋石油 981""中海石油 201"等重大海洋装备。上海外高桥造船海洋工程有限公司生产的 3000 米深水半潜式钻井平台是世界上最先进的第 6 代深水半潜式钻井平台,作业水深 3000 米,钻井深度达 10000 米,被列入国家"863"计划项目,填补了我国在深水特大型海洋工程装备制造领域的空白。从海洋产业结构上看,海洋旅游业、海洋交通运输业和海洋船舶工业是上海的三大海洋支柱产业,其产值之和占到了上海主要海洋产业产值的 97.8%,是支撑上海海洋经济不断繁荣的中坚力量。

然而,上述产业作为代表性的海洋传统产业,上海并未在其中呈现出比较显著的前瞻性特征;若未能加速更新进程,既有优势容易被国内外其他海洋城市所取代和超越天津。上海近岸及长江口邻近海域是江海溯河性鱼类的重要通道,也是大量沿岸与河口性鱼类的栖息场所,在海洋渔业上本是一个重要的生态经济水域。但近年来,长江口水体生态质量明显下降,导致优质鱼类品种数量锐减、生物多样性降低,海洋渔业呈持续性衰退趋势。2018 年,上海海洋渔业产值仅有 4 亿元,是 2010 年以来的最低值,原因主要来自长江流域污染物排海量上升、长江口海洋工程建设和过往的过度捕捞。填补海洋生物资源开发利用的短板,提升海洋生态环境治理水平是下一步上海近海资源开发利用的关键性举措。在其他近海资源方面,上海承担了相当一部分海底资源勘探、开采所需海工装备的建造,但限于与海底油气和矿产产区的地理间隔,上海较少直接参与其产品的加工过程。在海洋可再生能源利用领域,上海的滨海风力发电装机容量已经具备一定规模,但对潮汐能、波浪能等新兴科技的开发程度仍然不高,距离商业化使用还存在一定距离,近海能源产业具备较大的扩展空间。

5.2.2　天津

从环渤海地区和天津地区的发展来看,在构建世界级城市群和湾区经济、天津构建海洋中心城市的方面主要存在两大方面的问题,一是空间统筹发展水平不够,二是区域和城市发展质量和效益不高。因此需要充分利用天津海洋资源,发挥区域比较优势,推动重点产业集聚发展,形成"一带四区"的海洋服务业布局。

一带,即海洋综合配套服务产业发展带。以天津港为龙头,以京津塘高速公路和天津—山海关铁路为骨架,依托天津一些高新技术产业开发区、东疆保税港区,重点发展海洋金融保险、航运物流、科技和信息服务等海洋服务业,建设成以海洋服务业集聚区域为主体、联接京津、辐射腹地、海陆空相结合的海洋综合配套服务产业带。

四区,即四大海洋服务业集聚区。天津港主体区域:重点发展海洋运输、国际贸易、现代物流、保税仓储、分拨配送及配套的中介服务业,建设成为现代港航物流产业集聚区。东疆保税港区域:重点培育航运交易、离岸金融、融资租赁、国际贸易等产业,完善国际中转、配送、采购等功能,建为各类航运要素聚集、服务辐射效应显著、参与全球资源配置的全国航运服务中心。中新生态城滨海旅游区域:大力发展海洋旅游及相关装备研发制造、海洋文化创意等产业,形成以航母编队为龙头的文化旅游产业集聚区。临港研发设计集聚区域:大力发展科技研发、咨询策划、工程设计、船舶维修等与海洋制造业密切相关的海洋生产性服务业,建为全国知名的海洋制造业研发设计服务集聚区。

同时,着力发展港口物流业、滨海旅游业、涉海金融服务业、海洋文化创意产业、海洋科技服务业等。

5.2.3　大连

大连市位于黄海和渤海之间,三面环海,海域辽阔,为我国北方最具活力和开放度的沿海城市,是中国东北对外开放的重要门户。优越的区位为大连发展海洋文化产业提供了基础。大连在东北亚经济圈中心位置,区位优势十分突出,三面环海,扼守渤海海峡,优良港湾众多,岸线资源丰富,是东北地区最重要的综合性外贸口岸。滩涂、海岛资源非常丰富,有利于海洋渔业发展,得天独厚的北纬39度地域环境能生产世界公认的优质海产品。另外,大连市海洋产业基础雄厚,滨海旅游业稳步发展、海工装备及造船业国内保持领先、海洋盐业化工等产业久负盛名。近年来,大连市政府高度重视海洋文化产业发展,建设了贝壳博物馆、大连极地馆、圣亚海洋世界等一批海洋文化设施;开辟了集休闲、购物、展示功能于一体的海洋文化走廊;打造了观海景、品海韵的海洋观光带;举办了首届"一带一路"国际海洋城市文化摄影周等活动,对推动海洋文化发展、提升城市形象发挥了积极的作用。大连市为进一步提升海洋文化产业发展水平,一是鼓励培育海鲜节庆项目,营造海洋饮食文化品牌。二是强调深入挖掘具有历史文化底蕴的海洋文化资源与遗产,如运作贝雕文化项目,打造海洋历史文化品牌。三是构建海洋教育平台,提升公众海洋文化意识。

《大连市加快建设海洋中心城市的指导意见》指出,第一阶段:到 2025 年,建成中国北方重要的海洋中心城市,海洋经济增加值比 2018 年翻一番。第二阶段:到 2035 年,建成东北亚海洋中心城市,海洋经济实现高质量发展,形成以海洋战略性新兴产业和现代海洋服务业为支撑的现代海洋产业体系。尽管《大连市加快建设海洋中心城市的指导意见》仍未明确涵盖大连海洋经济强市可能存在的诸多经济理论要义,但其在经济维度的指示精神诠释了当前大连海洋经济强市建设的工作要点,其规制性质和导向意义是非常明确的。这也构成本研究设定大连加快转向海洋经济强市目标要求的关键依据。大连在由海洋资源大市转向海洋经济强市的进程中取得一些成绩,同时也存在一些不足,主要体现以下几个方面:①海洋经济增速仍然较低,距离海洋强市的目标仍有距离。②港口资源优势尚未充分发挥,港口能级提升存在压力。③现代海洋产业发展不充分且不均衡,综合效益尚未得到充分发挥。④资本参与科技创新不足、机制不完善,产业集聚、关联和海洋生态建设存在短板。

5.2.4 广州

2021 年,广州市发布"十四五"规划纲要正式提出,要打造全球海洋中心城市,到 2025 年全市海洋生产总值占地区生产总值比重力争达 15% 左右。广州市城市规划勘测设计研究院副总规划师、海洋发展规划研究中心主任王建军认为,广州建设海洋城市最大的基础优势在于深厚的海洋历史文化积淀,上千年"有海味"的岭南文化造就了这座城市海洋产业独特的底色。例如,船舶与海洋工程装备制造、海洋交通运输等,在广州都有着几千年的历史传承基础,早已与这座城市融为一体。

南方财经全媒体集团南财智库、21世纪经济报道联合中国（深圳）综合开发研究院共同编制的《现代海洋城市研究报告（2021）》指出，目前广州已位列全球现代海洋城市第二梯队，在经贸产业活力、科技创新策源、海事资源配置三项指标上表现亮眼。到2019年，广州市海洋生产总值就已突破3000亿元，位居广东全省第一，国内前列。目前广州已初步形成船舶及海工装备制造、港口航运、滨海旅游等海洋经济支柱产业。在联动港澳加速打造南方海洋科技创新中心的基础上，广州海洋生物医药、海洋电子信息等新兴产业也充满想象空间。船舶工业是现代工业的集大成者，被称为综合工业之冠。作为全国三大造船基地之一，广州船舶工业发展基础深厚，目前已拥有广船国际、黄埔文冲等一批头部企业，以及龙穴造船基地和大岗先进制造业基地等发展船舶工业的重要平台。作为粤港澳大湾区核心城市之一，广州发展船舶与海洋工程具有历史传承的基础。截至2019年末，广州已拥有超过40家船舶企业，其中具有船舶建造能力的企业20多家，船舶制造产品覆盖集装箱船、成品油船、大型多功能化学品船、滚装船、客滚船、半潜船等领域。《广东海洋经济发展报告（2020）》公布的数据显示，截至2019年底，广东全省从事海洋电子设备制造与信息服务活动的涉海单位超过1500家，其中超过90%的海洋电子信息企业集聚在广州、深圳、珠海、东莞、惠州等珠三角地区。海工装备智能化发展主要包括三重内涵。一是智能装备，比如无人船或者水下机器人，在应用环节需要通过软硬件结合实现智能控制。二是智能监测体系，比如通过数字孪生技术，在运维环节实现对实体装备的实时线上健康监测、损伤识别等。三是智能制造，在生产建设环节通过数字系统模拟生产建设流程，降低试错成本，最终实现设计、生产、制造、运输以及安装全流程数字化、智能化。

5.2.5 宁波—舟山

宁波与舟山一衣带水，历史上，舟山就曾受宁波管辖。两地风俗习惯、语言文化十分相近，在海域管理和港口一体化等领域一直有宁波舟山一体化的概念。近年来，宁波舟山一体化发展的呼声越来越高。甬舟一体化联合办公室印发的《宁波舟山一体化发展 2022 年工作要点》指出：要在港口一体化、基建互联、创新创业以及公共服务和教育等方面做出重要决策。除此以外，宁波作为副省级城市，近年来发展形势良好，是浙江省的龙头城市之一；舟山群岛新区是中国唯一一个由陆域和海洋锚地组成的自由贸易园区。因此，宁波舟山一体化是今后两市发展的必由之路，在此，笔者引用宁波—舟山这一概念，意图效仿珠江口城市群一体化的先例，让宁波—舟山建设成为长三角现代海洋双子城。

宁波—舟山地处长江经济带和沿海发展战略的交汇处，拥有绵长的海岸线、江海联动等优势条件，由此形成了海陆融合发展的经济模式。2021 年宁波市实现地区生产总值 14594.9 亿元，同比增长 8.2%；同年舟山市实现地区生产总值 1703.62 亿元，同比增长 8.4%。其中舟山海洋经济增加值占 GDP 比重为 66.5%，宁波海洋经济总产值达到 6850 亿元，实现海洋生产总值 2061.7 亿元，占地区生产总值比重为 14.1%，占浙江省海洋生产总值比重约为 20.7%。海洋经济在两市经济体系中都占据重要地位。浙江海洋强省建设工作专班办公室印发的《2022 年海洋强省建设重点工作任务清单》指出，浙江要重点谋划建设海洋经济发展"一城、一港、两区、两带"新格局。浙江将朝着"建设全球海洋中心城市"目标发力，由宁波、舟山分别启动推进全球海洋中心城市规划建设。并提出加快宁波舟山港向世界一流强港转型，发挥对全省海洋经济发展的核心引领作用。

要顺利完成建设全球海洋中心城市的目标，需要整合宁波—舟山两地的优势资源，对标国内外成功的海洋中心城市建设；需要规划扎实的海洋产业结构，升级产业体系，培育新兴产业。当前，建设宁波—舟山全球海洋中心城市仍然存在很多困难与挑战。

（一）港口资源优势尚未充分发挥，港口周边同质化竞争激烈

宁波舟山港由镇海、北仑、大榭、穿山、梅山、金塘、衢山、六横、岑港、洋山等 19 个港区组成，有生产泊位 620 多座，其中万吨级以上大型泊位近 170 座，5 万吨级以上的大型、特大型深水泊位超过 100 座，是中国超大型巨轮进出最

多的港口,也是世界上少有的深水良港。2021 年,宁波舟山港全年完成货物吞吐量 12.24 亿吨,同比增长 4.4%,连续 13 年位居全球第一;完成集装箱吞吐量 3107.9 万标准箱,同比增长 8.2%,成功跻身全球港口年集装箱吞吐量 3000 万"梯队",位居全球第三。然而省内宁波舟山港口运输覆盖面有限,且港口作业与上海港高度重合,导致同质化竞争激烈。上海港依靠独特的地理位置和国际地位,对各大城市辐射程度高,空间溢出效应强,影响范围大于宁波舟山港。另外,宁波舟山港与内外河港口衔接密切程度不够,海运、空运、陆路运输的耦合机制欠,尚未完全形成集约化、均衡化的集疏运体系,宁波和舟山港区整合效应不明显。同时港口综合服务水平不高,高端航运服务业发展滞后,与其吞吐量地位不相匹配。

(二)科技创新力度存在短板

宁波和舟山有关海洋科技建设、港口建设、全自动化码头建设以及信息化管理等方面存在不足。宁波、舟山两地的民营资本参与科技创新力度较小,两地高校科技转化技术支撑力量较为薄弱。2021 年宁波市科技研发投入总量为 131.23 亿元,舟山市研究与试验发展(R&D)经费投入 34.1 亿元。反观青岛这一北方重点沿海城市,2021 年科技研发投入总量超过 300 亿元,科技资源实力雄厚,并在海洋科技创新引领、海洋命运共同体构建、全球海洋综合治理等方面发挥更大作用。可见,宁波和舟山政府对于科技创新投入明显低于青岛。此外宁波和舟山高等教育资源较为薄弱,涉海学科博士点较少,科技创新存在明显短板,10 个本科院校里仅有浙江大学舟山学院海洋技术与工程博士点一个,宁波大学水产一级博士点一个,水产养殖等二级博士点若干个。

(三)城市空间发展破碎化严重

在资源紧缺的背景下,宁波和舟山城乡建设用地矛盾凸显,用地模式和发展路径急需转型。宁波市地处我国东海之滨,位于中国大陆海岸线中段,长江三角洲南翼,下辖 6 个区、2 个县,代管两个县级市,是我国首批沿海开放城市、浙江省经济中心、现代化国际港口城市。宁波地势西南高,东北低,三面环海、一面依山,有"七山一水二分田"之说。目前生态用地、农业用地和建设用地的占比分别约为 50%、30% 和 20%,需要向科学配置、集约高效用地转变。舟山城市建设呈线状分布,土地供应"低、小、散"现象严重,土地利用效率低下。土地资源的供求矛盾日益突出,进而导致海洋建设生产用地的减少。如何盘活当前海洋投资用地,促进用地模式从外延发展向内层拓展,"是实现空间高效利用的关键,也是推进宁波—舟山全球海洋转型城市建设的关键点"。

(四)宁波舟山一体化管理存在多重困难

纵然宁波舟山实现一体化发展会为两个城市和整个浙江省带来巨大的好处,但由于行政区划的分隔以及缺乏强有力的协调机制,其一体化发展在行政、教育、基建等方面面临多种问题。首先,从政府管理角度看,港口发展的根本目标是为本地区经济发展提供动力,进而提升 GDP,改善本地城市环境、提高城市竞争力,而港口产业作为传统产业,投资大,见效慢。宁波、舟山港口相距仅 9 海里,使用共同的航道和锚地,拥有同一经济腹地,在吸引项目时,软环境的竞争十分激烈,这也成为当前两港各自竞争的重点。这样的竞争显然不利于发挥同一港域资源的最大效益。其次,舟山人口少、经济体量单薄,经济产业结构相对单一,城市能级、人才招引、产业项目等短板较为突出。宁波在港口发展、贸易投资等方面始终处于领先地位。因此,甬舟两地的差距也影响着两港一体化的实质进展。另外,宁波—舟山全球海洋中心城市建设在合作方面也没有形成专门法规和条例,无法系统地推进一体化建设,涉及两地发展的重大问题缺乏有效解决的依据。最后,目前宁波和舟山之间的交通等依然重度依赖跨海大桥,极大限制了一体化发展。

5.2.6　青岛

青岛将根据国家和山东省海洋经济发展部署安排,按照高质量发展要求,着力加强海洋科技创新,优化海洋产业结构,促进区域经济协调发展,提高海洋资源开发能力,加强海洋生态文明建设,深化海洋经济对外开放合作,进一步强化海洋功能和特色,打造引领型现代海洋城市,加快建设全球海洋中心城市,力争到 2025 年全球海洋中心城市影响力显著提升,到 2035 年以全球海洋中心城市昂首挺进世界城市体系前列,为建设海洋强国、海洋强省做出更大贡献。《全国海洋经济发展"十四五"规划》明确了海洋经济综合实力显著提升、现代海洋产业体系逐步完善、海洋科技创新能力大幅增强、海洋经济开放合作再上新台阶、海洋可持续发展潜力持续提高和居民来自海洋的获得感进一步增强等 6 个方面的发展目标,提出了 11 项主要指标,涵盖经济、产业、科技、开放、生态、民生 6 个方面,其中预期性指标 5 个、指导性指标 4 个、约束性指标 2 个。在坚持陆海统筹协调发展方面,突出以海带陆、以陆促海,形成"双核引领、湾区联动、集聚发展、区域协同"发展布局。强化西海岸新区、蓝谷核心区的"双核"引领,促进胶州湾东岸、胶州湾西岸、胶州湾北岸、崂山湾—鳌山湾西岸等湾区联动,强化重点海洋产业园区建设、推动海洋产业集聚发展,推进胶东经济圈海洋经济一体化发展。在构建现代海洋产业体系方面,按照"3＋X"的思路,重点发展海工装备制造、海洋药物和生物制品、海水淡化等海洋战略性新兴产业及其他潜力产业,发挥中国海洋工程研究院、中国船舶集团海洋装备研究院、青岛海洋生物医药研究院、青岛海洋食品营养与健康创新研究院等平台作用,建立健全"企业＋研究院"前端、中端、后端对接机制,推进一批支撑作用强的重点项目建设,提高深远海开发技术研发和装备集成建造水平,加快构建现代海洋产业体系。在加快建设世界一流港口方面,加快港口资源整合,实现由目的地港向枢纽港、由物流港向贸易港的"两大转型"。推进国际航运服务中心建设,进一步完善现代航运服务体系,加快建设中日韩跨境电商零售交易分拨中心、上合组织国家地方特色商品进口体验交易中心,打造沿黄流域、上合组织国家面向亚太市场的出海口。在强化海洋科技创新引领方面,加快建设国际海洋科技创新中心,依托海洋试点国家实验室、中科院海洋大科学研究中心、国际院士港等,实施海洋关键领域科技攻关,完善海洋科技成果交易转化、海洋高技术产业示范等机制。推动部、省、市共建国家深海基因库、国家深海大数据中心、国家深海标本样品馆,形成深海资源全链条服务支撑能力。支持中国海洋大学加快建设特色显著的世界一流大学,培育海洋拔尖创新人才。

在深度参与全球海洋治理方面,坚持"走出去"和"引进来"相结合,积极参与海洋命运共同体和蓝色伙伴关系建设,搭建海洋领域国际合作交流平台,拓展海洋运输和贸易往来,建设海洋命运共同体先行示范区。在加强海洋生态文明建设方面,践行"绿水青山就是金山银山"的理念,深入推进海洋资源集约节约利用、海洋环境综合治理,提高海洋防灾减灾能力,不断优化沿海人居环境和景观。加强海洋生态保护与修复,提升海洋生态系统碳汇增量,助力实现碳达峰、碳中和目标。

(1)"一带一路"背景下青岛打造全球海洋中心城市的短板

交通网络建设相对滞后。一方面,青岛港作为青岛与境外贸易合作的主要运输通道,还不具备作为国际航运枢纽中心的条件。青岛港在国际中转能力上有较大劣势,纵观全球集装箱枢纽港,通常国际集装箱中转箱量占集装箱总吞吐量的比例都在30%以上。2019年,青岛港国际集装箱吞吐量已经达到2100多万箱,但是其中的国际集装箱中转箱量仅占集装箱吞吐量的19%左右,远远没有达到国际一流强港的标准。此外,现在的青岛港在发展模式上仍然是以装卸、仓储、转运等传统的业务为主要业态,商贸物流、供应链及现代航运服务等高端新业态发展明显不足,在智慧港口、绿色港口建设等方面也存在诸多短板。

另一方面,青岛航空枢纽地位不高,国际航空港的发展相对滞后。青岛流亭机场硬件条件制约严重,加上机场的地理位置不好,难以满足青岛出入境旅游人次、进出口贸易快速增长的需求,更难以承担国际航空枢纽的重任。随着胶东国际机场的转场,青岛将从区域航空枢纽向国际航空枢纽慢慢转变。但由于其超前规划和工程建设的意识较弱,即使2021年已启用,国际贸易和物流大通道、交通枢纽等一系列配套项目的建设和完善仍旧需要时间,依托空港的国际航空集疏运体系还未正式形成,空港新城尚需新的规划与打造。

海洋科研成果产业化程度低。青岛海洋科研实力在全国排名靠前,在海洋基础研究和海洋经济总量这两方面,青岛和上海、深圳等国内沿海城市相比具有一些相对优势。但青岛的短板也非常明显,尤其在应用研究、产业开发方面,青岛与上海、深圳相比还有很大差距。一方面是因为青岛以科研院所、高等院校为核心的科研体制,缺乏科研成果市场化与商业化的基本导向,成果转化的产业应用理念认识不足,企业很难将科研成果在实际生产中落地和转化;另一方面青岛海洋科研院所及高校从事应用研究、产业开发的人才数量相对偏少,缺乏像深圳那样的人才创新创业的环境氛围,导致许多科研成果并不能真正地走向市场。因此,青岛海洋科研成果产业化程度很低,其成果转化率甚至不到5%,与青岛雄厚的海洋科研实力远不相符。

此外,青岛的海洋产业竞争力有待进一步提升。海工装备、海洋电子信息、海洋生物医药等海洋新兴产业只占海洋经济比重十分之一左右,总体规模和产业链水平较低;海洋高端服务业份额占比偏低,难以满足高质量发展需要;高技术船舶和高端海洋装备设计能力不足,自主技术和关键配套产品研发能力相对有限,上下游产业链不够完整。

(2)青岛打造全球海洋中心城市的发展策略

建设"一带一路"综合交通枢纽,全面提升城市发展战略能级。打造青岛港作为国际枢纽海港。对青岛港而言,补齐发展短板、转变发展模式是其长远发展的关键。青岛应加快推动青岛港基础设施及综合服务职能向深水化、绿色化、智慧化、陆港网络化四个方向不断提升,加强喂给港支线网络的基础建设;构建港口国际合作机制和物流信息共享、标准互通机制,吸引国际货物中转、集拼等业务。同时,大力拓展黄河流域省外货源,畅通中日韩"海上高速公路";争取启运港退税的离境港政策,推动港口向枢纽港、贸易港转型升级,提高全球航运资源集聚配置的能力。

提升胶东国际机场的国际枢纽功能。在新的城市定位下,青岛要充分发挥面向日韩、"一带一路"的节点、支点优势,以胶东国际机场转场为契机,进一步健全集疏运体系,新开或加密开发国内外客货运航线,打造成为全国重要的国际客货中转站;争取落实国际航空客运相关政策,为主要客源国居民提供更为便捷的联程中转、过境免签和落地签等多项客运服务;引进多家基地航空公司和国际知名航空物流公司进驻青岛胶东国际机场,把青岛胶东国际机场打造成为国际航空邮件集疏分拨中心和全国重要的国际快递中转站。

建设国内国际多式联运组织中心。青岛需要打造"一带一路"国际运输走廊,进一步畅通东西互济陆海通道,放大亚欧大陆腹地国家面向亚太市场"出海口"功能和日韩两国商品进入亚欧大陆内部市场的枢纽功能,将青岛打造成为一个面向全球市场买货的重要上岸点。培育海空港口、国家物流枢纽和上合示范区等多个开放平台集聚发展综合优势,创建国家多式联运战略节点和中欧班列集结中心,与西安、郑州、乌鲁木齐、成都等集结中心实现互联互通,提升"一带一路"通道运输效率。此外,青岛应坚持深化国际多式联运"一单制"制度改革,推进国际贸易"单一窗口"功能覆盖海陆空运和贸易全部链条,构建泛亚泛欧多式联运大通关机制。

打造"一带一路"经贸合作平台,加快建设国际贸易中心城市。第一,高起点谋划上合示范区建设。青岛在加快推进上合示范区建设中,要始终坚持按照"物流先导、贸易拓展、产能合作、跨境发展、双园互动"运作管理模式,搭建一个主要面向上合组织与"一带一路"沿线国家的物流、贸易、投资、商旅文化和海洋合作的平台,构建地方发展双边、多边合作联动机制。依托国家物流枢纽,建设链接上合组织国家与东北亚经济圈的物流集散中心和多式联运组织管理中心,拓展国际物流业务;依托青岛跨境电子商务综合试验区,鼓励企业建设跨境电子商务配套服务平台,支持青岛优势企业建设自己的货物集散基地和"海外仓";同时,进一步深化与上合组织国家现有境外经贸合作区在产业对接、信息共享、人员交流、园区管理等方面的互动合作,实现资源和生产要素在境内外经贸园区之间的双向流动。

高标准推进青岛自贸片区建设。青岛自贸片区要努力加强"十强产业"和"四新经济"项目招引,吸引来自世界各地的资源要素集聚,推进青岛人才链、技术链、产业链、资金链"四链合一";重点发展现代海洋、国际贸易、航运物流、现代金融、先进制造这五大特色产业,积极推进动能转型升级,以产业优势促进项目和企业加速集聚,推动"新模式、新业态、新技术、新产业、新平台"持续蓬勃发展。此外,青岛自贸片区要以企业需求为导向,以精准服务项目建设为抓手,落实信息通信、科技服务、教育、文化、医疗等领域投资自由便利化政策措施,推进资本项目外汇收入支付便利化改革试点和金融机构综合经营试点,加快建设市场化、法治化、国际化的一流营商环境,助力企业在更方便的市场空间中配置资源、茁壮成长。

进一步放大"国际客厅"溢出带动效应。青岛应稳步推进和日本、韩国、德国、以色列、上合组织国家等"国际客厅"以及上合"一带一路"央企、人工智能等特色"国际客厅"建设,加强面向日本、韩国、德国、以色列等有较好合作基础的发达国家以及上合组织国家等有较大合作潜力的"一带一路"国家的经贸合作项目推介,汇聚优势资源,推动"一带一路"沿线国家在资本、技术、人才、经贸等领域的深度合作。同时,还要拓展国际客厅嵌入资源的广度,充分发挥"数字客厅""云客厅"等线上的平台优势,开展网上及产业链招商,多元化开拓国际市场。此外,青岛还应继续搭建各类商事服务、产能融合、文化交流等多边合作展示互动平台,持续拓展经贸伙伴关系,深化文化交流合作,促进"一带一路"国家文商旅的深度融合与和谐共生,加快青岛建成国际贸易中心城市的步伐。

壮大"一带一路"海洋新兴产业,提升海洋经济国际竞争能力。第一,搭建国际海洋合作平台,建设海洋命运共同体示范区。青岛要着眼海洋共拓,依托东北亚国际航运枢纽和东北亚水产品加工及贸易中心建设,大力开拓"一带一路"市场国际航线,引导涉海企业加强对"一带一路"沿线国家相关市场的开拓力度,提升青岛海洋产业的国际吸引力和竞争力。依托驻青海洋高等院校、科研机构与已设立的国际海洋机构建设国际海洋合作中心,支持海洋相关国际组织及其办事机构、跨国公司和企业总部落户青岛或在青岛设立分支机构,加强在蓝色经济、海洋科教文化、海洋公共服务等领域的国际合作。同时,青岛还需要整合东亚海洋合作平台、青岛论坛等涉海论坛会展活动,纳入世界海洋发展大会的框架,积极承办国际性的海洋研讨会,提升青岛在海洋领域的国际影响力,推动建设海洋命运共同体示范区。

构筑海洋人才集聚高地,建设国际海洋科技创新中心。青岛要继续推广普及海洋基础教育,做实做精海洋职业教育,做优做强海洋高等教育,推进"海洋＋"融合发展。支持涉海高等院校与企业通过共建海洋专业人才培养实训和实习见习基地、联合开展海洋专业人才定向委托培养等多种形式,打造一批高层次的海洋科技创新人才和团队。依托院士智谷、国际院士港、国际海洋人才港等海洋人才集聚交流平台,加强海洋科技领域的技术创新、基础研究以及成果转化,增强代表国家在海洋行业中参与国际科技创新和竞争的能力。此外,青岛还要围绕海洋重点领域实施顶尖人才计划、创新创业领军人才计划、留学人员创新创业启动支持计划,形成合理的人才梯队,为青岛建设国际海洋科技创新中心提供强有力的科技引领、智力支持以及人才支撑。

鼓励涉海企业自主创新,建设现代海洋产业发展高地。首先,青岛市政府不但要建设海洋科技企业孵化器,大力支持和鼓励中小微海洋企业发展,还要积极引进各类国内外知名海洋企业总部和研发机构,壮大海洋产业合作发展联盟。其次,政府要鼓励涉海企业设立科技研发中心,借鉴国内外知名企业的先进技术和成功经验,提高企业自主创新能力和市场竞争力。同时,政府应该大力呼吁海洋工程装备、海洋生物医药、海洋可再生能源等海洋新兴产业企业与涉海高等院校、科研机构合作,加快技术研发,促进海洋新兴产业企业通过产业链协同发展,提升海洋科技成果转化能力。最后,青岛市政府还需要制定激励海洋新兴产业企业创新的有关政策,施行减少赋税、奖励创新人才及团队、实行严格的知识产权保护制度等独特的激励机制,从而减小海洋新兴产业企业创新中面对的风险,提高青岛现代海洋产业的整体生产力。

5.2.7　深圳

深圳作为首个"全球海洋中心城市"将承担国家沿海城市发展使命,围绕争创全球海洋中心城市全面发力。深圳有着优良的港湾和贸易港口,是粤港澳大湾区的重要城市和"21世纪海上丝绸之路"的枢纽城市。深圳在 2018 年政府工作报告中提出坚定不移地打造更具全球影响力的海洋中心城市,近期重点是开拓全球海洋中心城市建设新领域,强化陆海统筹,建立健全海洋工作法规政策,发展壮大海洋航运、海洋生物、海工装备、海洋旅游、海事服务、海洋金融等产业。深圳全域发展海洋经济的空间布局已经形成。其中,大鹏新区将海洋生物产业作为支柱产业,海洋生物产业园是首批国家生物产业基地;盐田区大力发展海洋总部经济,积极引进海洋电子信息、海洋高端装备、海洋交通运输、海洋旅游、海洋渔业等海洋企业国际总部或区域总部;南山区提出建设海洋科技总部基地;海洋新城位于大空港地区西北部,规划面积约 7.44 平方千米,恰好位于前海蛇口自贸区—宝安中心区—大空港—东莞滨海新区—广州南沙新区这条大湾区主轴线上的中心位置,将建设海洋新兴产业基地"中欧蓝色产业园",官方将其定位为"继前海之后深圳获得的又一个承载国家战略的稀缺性增量发展空间"。

(1)深圳建设全球海洋中心城市的发展优势及其不足

①发展优势。

深圳在港口建设、物流运输、围海造地等海洋资源开发方面已取得较大成就,在海洋资源深层次开发方面仍有很大潜力。

一是发展优势区位及港口资源优势。深圳位于广东省珠江三角洲中部沿海,珠江口伶仃洋东岸,是中国沿海地区的主要港口之一,也是华南重要的集装箱班轮港口,拥有先天的区位和天然良港优势。2019 年,深圳港集装箱吞吐量 2577 万标箱,世界排名第 4。

二是海洋产业基础优势。深圳海洋产业已初具规模,优势产业较突出,目前已形成以滨海旅游业、海洋交通运输业、海洋油气业、海洋设备制造业四大产业为主导的海洋产业体系,占海洋经济总产值的 90% 以上。近年来,深圳传统优势海洋产业转型升级效果明显,海洋高端装备、海洋生物医药和海洋电子信息等海洋战略性新兴产业发展提速明显,产业创新能力正持续提升。

三是海洋旅游资源优势。深圳拥有近 260 千米海岸线,尤其东部近 160 千米海岸线包含山地、港湾、岬岛悬崖、沙质海滩、沿海平原、潟湖低地等景观。海洋历史资源有大鹏所城、梅沙烟墩,以及渔港、墟镇食街等海洋文化体验区。深圳被《孤独星球》"2019 年世界十大最佳旅行城市"榜单列为第二位,被世界旅游业理事会列为全球十大旅游城市之一。但深圳海洋旅游在总产值中所占比例仍然较低,除大、小梅沙海滨区初具规模,多数岸段仍处于半开发或未开发状态,潜力很大。

　　四是金融市场优势。金融业已成为深圳的战略性支柱产业,已建立多层次、网络化、科技化的金融市场体系,在私募、基金、保险、信托、融资租赁、财富管理等金融分支领域也都具备相当实力,是全国金融业最活跃的城市。发达的金融市场将为深圳发展海洋经济、购买国际资产、投资新的海洋发展领域提供资金保障。

　　五是企业资源优势。深圳较早实现面向创新驱动的结构调整,是全国高新技术产业集聚基地。深圳九成以上的研发机构、技术开发人员和研发资金源自企业。深圳企业的自主创新能力,成为推动海洋科技发展的重要动力,亦成为深圳海洋经济发展的有力支撑。

　　②存在不足。

　　一是部门协作不足。首先,海洋管理机构力量不足。深圳市规划和自然资源局加挂市海洋渔业局牌子,只有三个与海洋相关的内设处室,编制不足 20 个。其次,政府部门间的协作存在不足,市直部门与区政府之间、政府各涉海部门之间的协作有待加强。最后,政府与市场和社会主体间良性互动不够,政府与海岸带资源权益主体之间尚未形成有效的协调机制。

　　二是港口带动作用逐渐减弱。深圳在全球港口货物吞吐量排名已从原来第 3 降到第 4,其中有依赖港口的产业比重降低等内部因素,也有区域产业转移、周边港口发展、国际贸易格局变化等外部因素影响。由于土地空间制约和房地产价格高企,深圳港口物流业发展也面临空间排挤。当然,纽约、阿姆斯特丹、伦敦等城市,曾是世界上排名前列的港口,随着制造业的退出,箱量吞吐量下降成为必然。因此,深圳港口发展不应仅着眼于"量"的增长,更应转向追求"质"的提升。

　　三是海洋科研创新发展存在短板。深圳海洋产业增长较快,但海洋科技创新驱动力不够强,尚未对海洋经济增长和海洋产业转型发展发挥足够效用。首先,高水平海洋研究机构少、分布散,缺少国家级海洋科技研究机构,在海洋技术研究和产业化方面带动力不足。其次,海洋高端领军人才不多,深圳院士、学科带头人等海洋高层次人才密度低。再次,海洋创新资源集聚整合不够,缺少集聚整合海洋科技资源的平台和载体,海洋科技资源处于零星分散状态,科研基础设施实际共享率低下。最后,科技成果转化环节不畅,深圳虽然有相对完善的市场,但缺乏能够推动海洋产业创新发展的海洋科技成果支撑。

四是港城矛盾制约海洋发展空间。深圳人多地少,岸线用地资源争夺激烈。首先,港口配套设施与城市用地布局冲突。港口最初布局在城市边缘,随着城市空间结构快速演变,现已逐步成为核心区域,虽然港口直接服务的工业用地已经外迁,但仓储、堆场等配套设施并未转移,造成港城关系恶化。其次,疏港交通对城市带来负面影响。目前深圳港海铁联运占比仅为0.5%,货物接驳依然以公路运输为主,占用大量城市道路,物流成本和环境成本较高。最后,深圳海域较小、航道众多,如无明确的空间引导,不利于形成规模化、品牌化的标志性海洋产业园区。

五是海洋生态环境尚未达标。总体而言,深圳近岸海域海水水质与全球海洋中心城市的要求相比还存在一定差距。深圳海域主要包括"三湾一口",即东部海域的大鹏湾、大亚湾和西部海域的深圳湾、珠江口。近年来,随着陆源污染整治工作持续推进,西部海域无机氮浓度呈下降趋势,但目前仍超过海水四类标准1.1倍,超过环境功能区水质目标(海水三类标准)1.65倍。

(2)深圳和上海打造"全球海洋中心城市"面临的发展机遇

从国际层面看,近年来,在全球范围内,海洋经济已经高度渗透到国民经济体系内,成为国民经济的重要增长点,是公认的衡量国家综合竞争力的重要指标。海洋经济也成为世界各国政府提高本国国际竞争力的关键;同时,世界海洋经济重心明显向亚洲转移,这为亚洲地区成为海洋经济新中心创造了历史机遇。

从国内层面看,党的十八大报告提出了建设"海洋强国"的战略部署,这对于推动中国经济持续健康发展,对维护国家主权、安全、发展利益,对于全面建成小康社会,进而实现中华民族伟大复兴,都具有重大而深远的意义。党中央提出了建设"21世纪海上丝绸之路"的宏伟蓝图,这是促进亚欧经贸共同发展,实现沿线国家共同繁荣的伟大战略构想;得到了国际社会广泛的关注和积极的响应,目前已经取得了令人瞩目的成绩。此外,南海国际合作开发已经提上了议事日程,并逐步付诸实施。中国的海洋事业迎来了重大的历史性机遇。

从自身条件来看,深圳和上海具备打造"全球海洋中心城市"的基本条件和优势,两地都具有雄厚的经济实力,为建设"全球海洋中心城市"提供了强大的后盾;两地发展海洋经济的区位优势明显,区位是海洋经济中心发展的最重要的基础条件,是有效连接海洋经济产业链的基础要素;此外,相比国内其他沿海城市,两地都具有一定的制度和机制优势。

(3)深圳创建全球海洋中心城市的路径选择

扩充自身生态位,提高深圳海洋实力。当一个物种处在激烈的区域竞争过程中时,会激发自身无限增长的潜力,进而提高其"态"和"势",以便更充分地利用资源,这就是生态位的扩充。同样地,港口城市也需要不断扩充生态位,释放发展的潜力空间,以增强其在湾区竞争中获取资金与资源的能力。

在全球海洋中心城市这一更高的定位下,深圳应积极扩充生态位,提升综合的海洋竞争实力。深圳在建港 20 年左右的时间里,其港口集装箱吞吐量已跃居全球第 4。这不仅得益于深圳自身拥有的优越港口资源,更有赖于国家给予经济特区的一系列扶持政策。因此,在港口资源维度上,深圳应全面提高港口的吞吐能力,拓宽在该维度上的生态位宽度值。具体而言,可以南山区、盐田区等集装箱港口的升级作为核心战略,巩固深圳港在港口基础设施和集装箱运输上的优势。不断推进太子湾邮轮母港和大鹏新区旅游码头的建设,提高客运吞吐量的能力,增强深圳滨海旅游业的实力。在社会经济维度上,深圳应紧抓历史机遇,以海洋大学和国家深海科考中心为抓手,继续强化在海洋科技创新与科考研究上的投入,争取新的突破。同时结合自身的基础和优势,拓宽并形成海洋全产业链,努力弥补在海洋金融、海事法律等高端海洋服务业中的短板,以新兴的海洋经济推动深圳建设全球海洋中心城市的进程。在生态环境维度上,深圳应严守生态底线,提高对陆海环境质量的重视程度。如深圳目前的海水品质较差的问题较为严重,长期呈现"西劣东优"的格局。因此,应以深圳东部的大鹏湾和大亚湾海水水质为目标,改善西部海水质量,形成全域优质的山海环境,以此来吸引世界各地的卓越人才,促进全球海洋中心城市的建设。

与广州错位发展，减少广深同构竞争。若一个城市生态位宽度较小，且与其他城市生态位重叠度很大，那么在区域竞争中，将面临被淘汰的风险。因此，可通过错位发展的策略来降低生态位重叠带来的竞争压力。深圳与广州的重叠度超过了80%，在发展中存在显著的同构竞争现象。深圳与广州都有朝着国际航运中心进行发展的势头，这的确是衡量全球海洋中心城市的一大目标，但也势必会造成资源的浪费和重复建设。因此，深圳应与广州进行细致合理的区域分工，重点在港口资源和社会经济两个维度进行生态位的错位发展。例如，在港口运输方面，广州拥有全球规模最大的散杂货运输船队，而且它比深圳更靠近内陆腹地，在内贸上更具优势。而深圳面朝南海，拥有集装箱运输所需的深水良港，可用于发展对外贸易的港口资源空间较大。因此，深圳可对标全球，着重专注于外贸经营，坚定走专业集装箱枢纽港的发展道路。

与香港协同进化，加强深港区域合作。若两个物种之间的生态位重叠没有十分显著，那么并不需要完全放弃其共同利用的资源，可以通过协同进化来实现共存。与生态系统一样，湾区内的各港口城市可以从竞争走向竞合，形成递进式的循环，最终实现共创双赢。

香港作为国际化港口城市，在历次全球海洋中心城市的排名中都非常靠前。深圳与香港的重叠度在70%左右，比起与广州之间的竞争，相对没有那么激烈，但深圳要想在短时间内超越香港并非易事。同时，由于深港两地的地缘距离很近，在适度错位发展的基础上，协同进化将是深圳近期内发展的关键。首先，深圳要积极克服两地之间的差异性带来的不利局面，在提升自身集装箱枢纽港国际影响力的同时，努力与香港在邮轮产业等方面合作共建。从两城的生态位中也可以看出，深圳拥有丰富的泊位和岸线资源，通过整合优化港口资源配置，可以缓解香港岸线资源匮乏和港口吞吐量近乎饱和的局面。其次，深圳应不断学习香港较为成熟的管理经验，为发展自身特色的集装箱业务提供借鉴。积极探索适合深港两地的自由港政策，支持新兴业态的发展，共同建立自由、开放的国际贸易环境。最后，深圳要充分发挥国家创新型城市的作用,打好"海洋创新牌",提高其在广深港澳科技创新走廊中的地位。立足深港科创合作,在深圳与香港接壤的界面上,推动深港科技创新合作区的建设,以获得更多的国际资源,并形成在国内外兼具竞争力的全球海洋中心城市集群。

5.3　全球海洋中心城市的发展

自提出建设全球海洋中心城市设想后,相关城市都开展了系统研究和具体工作,但重视程度不一,动作有快有慢,措施有虚有实。深圳市的行动最早,措施最实。2018 年 12 月,深圳市委市政府审议通过了《关于勇当海洋强国尖兵加快建设全球海洋中心城市的决定》,确定了未来 30 年的发展目标,提出到 21 世纪中叶,全面建成全球海洋中心城市。2019 年 7 月,深圳提出全力推进"十个一"工程建设,作为建设全球海洋中心城市的具体措施。目前,正在研究制定《深圳市海洋发展总体规划》,作为全球海洋中心城市建设的支撑。总的来看,除上海和香港外,我国其他临海城市距全球海洋中心城市的相关标准还有明显差距,海洋发展基础相对薄弱,相关工作刚刚起步,未来还需要开展系统工程予以推动。以下仅就如何建设全球海洋中心城市提出几点思考。

(1)建设全球海洋中心城市要基于全面深化改革和转型发展的定位

各城市要将全球海洋中心城市建设作为城市经济社会转型发展的核心任务。进一步解放思想、先行先试、大胆探索,制定科学合理的规划和建设方案,塑造先行先试新典型。要进一步深化海洋意识,秉承蓝色经济理念和大海洋思想,坚持高度陆海统筹,实施海陆产业联动,建立海陆复合型产业体系,据此配置资源,使海洋成为城市转型发展的核心要素。

（2）建设全球海洋中心城市要基于协同和服务国家战略的定位

各城市必须以承担国家使命担当的高度来看待全球海洋中心城市建设，紧密配合国家海洋战略，形成国际海洋公共产品供给能力和参与引导全球海洋治理能力，具备国家海洋战略承载与服务能力，成为配合相关战略实施的海洋节点和重要主体。

（3）建设全球海洋中心城市要坚持开放与合作原则

海洋经济最基本的特征是国际性和开放性，高度开放与紧密合作是建设全球海洋中心城市的基础要求。各城市须践行开放性的国际合作策略，深化与全球海洋价值链各环节的有机融合，深化与全球主要海洋城市、国内重点海洋城市的协同合作，在国际竞争合作中找准定位，明确方向，发挥"后发优势"，成为国际海洋价值链中的关键节点。

（4）建设全球海洋中心城市要坚持海洋产业高端化发展路线

各城市既要保持原有传统优势海洋产业发展，更要谋求形成具有较强国际竞争力的高端海洋产业，并以此产业为核心，配置相关资源，构建起海洋实体产业与服务业相结合的海洋产业体系，占领海洋产业发展的国际制高点。为支撑高端海洋产业体系发展，城市要形成强大的科技创新体系与金融体系作支撑。

（5）建设全球海洋中心城市要坚持找准定位，形成特色优势的策略

分析 2019 年版《全球海事之都》报告的 50 个海洋中心候选城市，其中 20 个城市在各项指标中都具有较强竞争力，可定义为综合型海洋中心，另外 30 个城市则是在某个领域中具有强大的专项竞争力，可定义为特色型海洋中心。目前，中国只有上海和香港具备发展综合型海洋中心的基础，其他临海城市更适合选取某个或某几个海洋领域，集中资源，精准发力，建设特色型海洋中心。以深圳为例，深圳是中国最具创新活力的城市，也是新兴的国际创新之都，具

有海洋科技创新能力和潜力,还是中国金融中心之一,金融业基础雄厚,市场活力强,具备设立大型海洋金融机构并依托海洋产业基础和金融机构体系开展海洋金融创新的能力。因此,深圳可以选择海洋科技和海洋金融作为建设全球海洋中心城市的突破领域。在发展海洋科技方面,深圳可以通过完善官产学研互动机制,引进和建设一批国家级海洋科技研发中心和企业,引进高规格研究团队和领军人才,形成海洋科技要素集聚;完善创新科技成果转化机制,高效推动海洋科技成果产业化,以科技创新为核心驱动力形成高端海洋产业链。在发展海洋金融方面,深圳已在进行设立深圳海洋产业基金等积极尝试。《关于支持深圳建设中国特色社会主义先行示范区的意见》要求深圳探索建设国际海洋开发银行,目前还未见该银行发布相关的官方定论。国际海洋开发银行与中国已有的多边金融机构和国内开发银行应有较大区别。为弥补中国现有国际多边金融机构的不足,在开展国际经济合作中形成合力,该银行应是一家以政府为引导、民营资本为主体的国际混合所有制专业多边开发银行,以民间资本纽带联结国际社会,以混合所有制的金融平台,增强国家间政治互信,以市场化方式运作,以促进具有高度国际共识的蓝色经济发展为切入点,成为支持中国建设"一带一路"、拓展蓝色经济空间、发展海洋战略新兴产业、建设海洋生态文明的金融平台,成为中国建设海洋强国、参与引导全球海洋治理的重要抓手。

5.4　向海城市发展案例

5.4.1　新加坡

新加坡是海洋资源小国,也是海洋经济大国。新加坡资源短缺,无石油、无煤矿、无天然气,但政府依据其优越的地理位置,充分发挥资源集聚效应,大力发展海洋经济,使其建设成全球海洋中心城市。

新加坡形成"政府推动＋市场主导"海事业发展模式。新加坡政府致力于推动海事业国际化、便利化和高科技化。新加坡地理位置优越,其赖以生存的港口由政府直接投资,实行自由港政策,吸引大批航运公司挂靠新加坡港,降低了国际贸易成本。在此基础上,新加坡构建了以航运为核心,融合修造船、石油勘探开采冶炼、航运金融保险等上下游产业的海洋全产业链条。

（1）充分利用本地海洋资源

新加坡大力发展港口业,通过围填海工程,开发裕廊工业区,创建有利于科技发展的环境,鼓励民间研发创新及创业投资,利用本国电子和资讯科技的快速发展,提高企业运营效率、政府服务水平,大力发展石油业、海洋装备工程制造业、航运金融等相关产业。

（2）实施开放的全球化战略

运用一系列政治、经济、人才等方面的全球化开放战略,通过区域化、国际化以及全球性采购策略,解决海事业所需的原材料和设备问题。凭借其稳定的国内政治环境、良好的社会治安,大力吸引国外长期、大规模的投资。在经济方面,利用其转口贸易、加工出口、航运等传统商业经济基础,制定国际化和区域化的发展战略,加快本地企业向全球发展。同时,通过雇佣外国工人和引进外来人才来解决本国劳动力不足和技术人员缺乏的问题,并通过国家和企业相结合的培训制度来加强对海事业员工的技术和管理培训,培养本地人才,提高行业的技术和管理水平。

（3）构建海事业全产业链

新加坡海事业发展的成功经验主要在于构建了以航运为核心,融合修造船、石油勘探开采冶炼、航运金融保险等各种上下游产业的海事业全产业链条。首先,新加坡赖以生存的港口由政府直接投资,实行自由港的政策,吸引了大批航运公司挂靠新加坡港,吸引跨国公司在新加坡投资建厂。其次,升级港口航运业态,大力发展与之关联的航运服务产业,建成四个服务中心——国家箱管和租赁中心、空港联运中心、国际船舶换装修造中心、国际船舶燃料供应中心,提高本国高端服务业水平。最后,凭借港口优势,大力发展海洋高科技产业,从航运金融、海洋电子信息到海洋生命科学等,产业结构得到逐步升级。

(4)重视海洋科技与文化

新加坡专门设立了"研究、创新及创业理事会",在国家创新、创业的策略和政策制定上提供咨询。通过税收奖励、资金奖励等各种手段,充分鼓励民间创业投资及研发创新。新加坡政府在海洋资源开发与保护中,首先考虑的是对海洋生态环境是否造成破坏,并以此为标准开展城市规划。政府采用立法等手段极力保留具有民族风情的建筑和设施,使之成为别具一格的旅游产品,促使各种不同的文化传统在新加坡相互交融,同时又各具特色。

5.4.2　挪威

挪威深耕海洋特色产业,占据世界前沿。挪威船舶及海洋设备工艺,特别是高科技船舶和海工建设水平世界领先,并将优势延伸到油气产品运输、化学品运输、滚装船等产业上下游领域。挪威生产的船用设备 60% 用于出口,占世界市场份额的 8%—10%。挪威水产业是支柱产业,有海洋捕捞船 6510 多艘,渔产品捕捞量近 300 万吨,是世界十大水产品生产国之一,水产品出口位居世界前列。船级社是挪威航运服务业的一大特色,挪威船级社成立于 1864 年,是全球领先的专业船舶服务机构,业务涉及船级服务、认证服务、技术服务等方面,在全球 100 个国家中设立约 300 个分支机构。

5.4.3　汉堡

汉堡傍海而兴,海洋经济多点开花。汉堡港是欧洲第三大海港和全球第十四大集装箱码头。城市的港口旅游特色明显,海洋节庆丰富多彩,游客可乘坐汽艇穿梭整个汉堡港区,港口本身成为旅游岸线的重点板块。汉堡还是欧洲邮轮基地港,仅 2011 年就有 118 艘邮轮停靠。城市设有"邮轮日",大型邮轮进港时全城会营造浓厚的节日气氛,世界唯一一艘连接大西洋两岸、最大型邮轮玛丽皇后二号将汉堡港作为中转站。汉堡鱼市历史悠久,是每位旅游者必游之地。汉堡海事展是国际三大海事展会之一,被誉为"世界第一大造船海事盛会"。

5.4.4　伦敦

伦敦的海洋经济发展以市场交易为主,重点在于其高附加值的现代海洋服务业。伦敦的综合航运服务在世界的最前端,其发展的核心方向是海洋工程及其配套服务,最主要的特色和优势是完善的海洋金融及海事仲裁。根据"2017 年世界领先海事之都(The Leading Maritime Capital of the World 2017)"排名,伦敦海洋城市综合排名位于世界第 6,其金融和法律排名世界第 1,船舶排名世界第 4。伦敦是世界领先的海洋金融城市,以客观标准和主观指标排名第 1。伦敦在全球金融行业有着特殊的地位,并在 2017 年再次被全球金融中心指数(Z/Yen Group,2017)评为全球领先的金融城市,伦敦金融城是世界领先机构的所在地,比如劳合社等。伦敦的法律相关服务和海上保险排名世界第 1,英国法律在航运纠纷中的应用最为广泛。

5.5　向海城市发展建议

全球海洋中心城市建设是一个复杂且长期的系统性工程。一方面,我国海洋经济实现高质量增长,科技创新能力显著提升,生态环境稳步改善,海洋国际竞争力明显增强,为全球海洋中心城市建设奠定坚实基础。另一方面,我国海洋经济发展存在着经济总体规模小、海洋产业结构待优化、国际竞争力欠缺、海洋科技贡献率低、海洋服务业发展不足等问题,制约着我国海洋中心城市的发展。我国在建设全球海洋中心城市时,需要抓住历史机遇,加强顶层设计。围绕海洋贸易、海洋产业、海洋科技、海洋文化、海洋生态与海洋服务等多个领域全面发力,将我国全球海洋中心城市重点打造成"六个中心",即全球航运金融贸易中心、全球现代海洋产业中心、全球海洋科技创新中心、全球海洋文化交流中心、全球海洋生态创新中心与全球海洋治理服务中心,建设既有中国特色又有国际影响力的全球海洋中心城市。

(1)建设全球航运金融贸易中心

立足海洋城市区域位置与基础设施优势,健全优化航运服务、代理、金融、保险产业链,配套现代化的港口设施、智能化的管理网络和国际化的服务能力,全面打造区域航运枢纽和物流服务中心功能,成为世界航运金融贸易服务体系重要的联结点。

(2)建设全球现代海洋产业中心

依托现代海洋产业链条,促进现代渔业、海工装备制造业、海洋化工业、海洋旅游业、海洋油气开发业、海洋电子信息产业、海洋生物医药产业、海洋新能源产业的转型升级、快速发展、重点突破与技术储备,强化产业要素资源集聚,提高海洋经济产业能级,成为全球海洋产业重要的生产间。

(3)建设全球海洋科技创新中心

积极引进国际领先的海洋教育研究机构、国际知名的海洋企业与国际一流的海洋人才队伍,整合各类科研力量,提升科技创新能力,全面打造全球先进的海洋科技创新平台与国际合作创新网络,成为全球海洋科技创新的引领者。

(4)建设全球海洋文化交流中心

依托城市的海洋文化资源和城市品牌优势,积极开展国际海洋科技展览会、海洋文化会展、海洋民俗节庆、海洋经贸论坛、海上体育赛事等涉海文化娱乐活动,吸引大批国际经贸组织、文化交流机构及政府机构参与,打造独具特色的城市海洋文化品牌,成为全球海洋文化重要的策源地。

(5)建设全球海洋生态创新中心

创新构建"海域—流域—陆域"海洋环境保护体系,提升海洋生态系统服务价值,实施"银色海滩"和"美丽海岸"工程,塑造生态、生活、生产协调发展的海岸带空间,打造全球海洋生态保护重要的示范区。

(6)建设全球海洋治理服务中心

加快建立跨区域的海洋环境监测、海洋灾害预报、海洋生态治理等海洋信息服务平台,加强在海洋公共服务、海事管理、海上搜救、海洋防灾减灾、海上执法等方面的国际合作,向全球提供海洋公共治理和综合信息服务产品,成为全球海洋治理重要的供应商。

第6章

海洋中心城市的畅想

随着"海洋强国"和"21 世纪海上丝绸之路"战略的不断深入,以及国家明确表示支持上海、深圳建设全球海洋中心城市,目前多地也开始掀起建设区域性海洋中心城市的热潮,对海洋中心城市的研究需要也日益迫切。在未来的研究中,学者可以因地制宜,结合国内外有关海洋中心城市的建设和研究情况,明确和完善研究方向、研究方法等。具体包括如下几个方面:

研究内容上,结合对海洋城市和中心城市的相关研究,选择不同层次、尺度、规模、特征的典型城市进行实证研究,根据研究内容,结合我国实际国情,总结完善海洋中心城市相关指标体系、定义和标准。

研究方法上,通过借鉴地理学、生态学、经济学、管理学、社会学等成熟研究理论,通过对国内外发展情况较好的海洋中心城市进行官方统计数据查阅或实地调研等方式,获取相关信息和数据,对这些城市的发展演化机制进行系统性定量研究。

研究领域上,加快对海洋规划、海洋科技创新、海事服务等方面的研究。目前研究大多针对海洋经济和海洋生态等方面,现代海事服务业作为海洋中心城市的核心竞争力,在未来海洋中心城市的建设过程中具有重要地位,但相关研究相对缺乏。

研究实践上,要根据当地实际发展情况和国家相关政策,取长补短,因地制宜,要积极发展当地的优势领域,尽快完善不足领域,研究理论与建设实践相结合,制定符合当地海洋中心城市建设的相关政策,规范建设框架。

作为一个较新的概念,全球海洋中心城市涉及面较广,需要在既有政策措施基础上加强有关"纲"的思考,合理设定"近—中—远"不同时期的战略目标,分步设定战略步骤,并在工作组织、航运、服务、产业、人才等方面重点发力,稳步推进全球海洋中心城市的建设。

"全球海洋中心城市"的重点是"中心",要称得上"全球海洋中心城市"就要有被全球认可的"一技之长"。

青岛要牢牢把握"一带一路"倡议赋予青岛的重要发展机遇，顺势而为，积极探索"一带一路"合作新模式，以建设海陆双向桥头堡、国际经贸合作枢纽、海洋高新产业集聚高地为重点，发挥优势与补足短板齐头并进，推动青岛在"十四五"规划期间实现海洋经济高质量发展和全球海洋中心城市的建设。

未来，宁波将以海洋经济高质量发展为主题，以临港绿色石化、汽车制造两大临港优势产业为主导，以海洋高端装备、海洋新材料、临港航空航天三大新兴产业为支柱，以海洋生物医药、海洋新能源等一批潜力产业为重点，全力打造"231"涉海先进制造业体系，打造国内一流、国际知名的全球海洋中心城市，为宁波建设"重要窗口"示范奠定坚实基础。

打造现代涉海先进制造产业体系。一是做优做深两大临港优势产业。推进海洋绿色石化产业优化升级。做精炼油，加快推进"油化"结合、上中下游一体化的发展步伐。做强"化身"，提升乙烯产业链对下游产品的原料保障能力，完善丙烯产业链对制备高端产品的配套能力。做高"化尾"，加快高性能、安全、环保的高端专用化学品研制。强化汽车产业核心竞争力，推动整车制造规模化，全力推动产业整体向价值链高端延伸。推动汽车零部件高端化，完成由单一零部件供货到总成化、模块化产品供货的转变。二是做大做强三大新兴支柱产业。壮大海洋新材料产业，重点发展海工装备用材料，提高高端金属材料和高性能高分子材料的本地化配套能力。重点发展海洋环保用材料，重点推进环保建筑材料、能源净化材料等发展。做强海洋高端装备产业，积极发展应用于海洋特殊环境下的机器人以及伺服电机等机器人核心部件。发展航空设备制造，大力发展发动机、机身部件以及其他零部件。发展通航服务，加快引进公务机、小型支线飞机等航空制造项目，开展在海洋维权等方面的通用航空业务。三是做专做精一批有潜力、有特色的产业。提升海洋生物医药产业。推动海洋生物制品与医药等新产品研发和产业化，重点开发抗肿瘤、抗病毒等海洋创新药物，探索适合海洋药物研发的有效途径。发展海洋新能源产业。鼓励海洋可再生能源技术自主创新，大力扶持重点企业和研究机构进行海洋可再生能源利用技术开发。

构建涉海先进制造特色产业集群。一是统筹规划沿海产业平台空间布局。依托新一轮工业集聚区规划实施,进一步明确全市涉海先进制造业发展的重点区域及空间,加快形成功能布局合理、区域协调特色发展、主导产业明晰、能源集约高效、产城深度融合的沿海产业平台体系。重点强化宁波前湾新区等省级高能级战略平台的引领带动作用,吸引一批大项目、大企业落户。二是加快建设特色示范产业平台。强化市县两级联动,鼓励各地遴选若干产业基础好、特色优势鲜明、发展潜力大、龙头企业带动力强的功能园区,积极打造高端化、品质化、现代化涉海先进制造示范园区,不断提升园区品牌建设水平、周边辐射带动能力。三是提升平台体系综合治理水平。强化临港(临海)工业用地保护,制定实施工业控制线的管理办法,控制线内的工业用地原则上不得改变为其他用途,建立产业发展与工业用地稳定增长的匹配机制和工业用地占补平衡、增减挂钩机制。提升园区能效管理,加快淘汰落后产能,推动经济效益、生态效益和社会效益协调优化,在石化、高端制造等重点用能行业和企业中,推进能源智慧化管理,实现对园区内企业用能的动态监控、数字化控制、分析与优化管理。

强化涉海先进制造企业梯队建设。一是引进培养全球涉海先进制造龙头企业。针对涉海先进制造重点细分领域,聚焦产业链价值链高端环节,采用"产业链条全景图+精准招商目标企业"方式,全力引进龙头企业创新资源及优质项目。加大本地涉海制造优势企业培育力度,加快形成一批主业突出、核心关键技术完善、品牌优势明显的骨干龙头企业,支持重点企业与上下游企业加强协作,提升综合实力。二是扶持培育涉海"专精特新"企业。以关键核心技术为标准、以市场占有率为导向,强化涉海先进制造业细分领域梳理排摸,建立动态跟踪管理的企业梯队培育清单,按照高成长—创新型—科技型—"专精特新"—小巨人—单项冠军—独角兽的梯次,推动涉海先进制造业企业升级。推动企业"专精特新"发展,以海洋极端工况下的密封件、液压器、连接器等关键零部件为重点,加强研究重大技术装备所需的制造核心技术和原材料,提高零部件的自主研发和制造比例,加快实现进口替代。打造单项冠军新优势,支持单项冠军企业围绕主营核心产品,构建产业配套联盟,拓展延长产业链。三是鼓励企业探索多元化发展路径。支持企业坚持海陆统筹策略,加快涉海产品研发生产,拓展企业经营范围,同时加快陆域产品迭代升级,提升企业抵御风险的综合能力。

建设涉海先进制造高端科研平台。一是组织实施关键核心技术攻关。聚焦海洋绿色石化、海洋新材料、涉海高端装备等涉海先进制造业产业链,梳理相关领域重大研发需求,滚动编制关键核心技术攻关清单,支持推进技术(产品)国产替代。推进产学研深度融合,开展海洋科技创新联合攻关行动计划。聚焦海洋新材料、海工装备、海洋生物制药、新能源转换控制等领域开展前沿基础研究,加强原始创新探索。二是建立完善的产业创新体系。支持涉海企业建设技术研发中心,发挥涉海龙头企业的科技创新引领作用,支持涉海企业和产业研究院开展重大科技创新,组建海洋工程技术协同创新中心和工程(技术)中心。打造海洋科技型中小企业、高新技术企业、创新型领军企业梯队,形成若干有国际竞争力的创新型领军企业群。支持以涉海科技创新领军企业为依托创建涉海产业创新服务综合体,完善海洋战略新兴产业生态系统,建设具有领先优势的海洋新兴产业集群。三是加快推动科技成果转化落地。搭建海洋科技成果转移转化载体,鼓励支持涉海高校、科研院所、创投机构与各类海洋创新研发机构建立紧密型产学研合作机制,引导并支持市内涉海高校院所、重点实验室下沉科技创新资源,实现技术需求与研发资源的精准对接、创新成果与产业的精准对接。

推进涉海先进制造过程数智升级。一是推进涉海制造过程智能化转型。加快推动涉海先进制造过程的数字化网络化智能化进程,为实现产业转型升级与高质量发展奠定坚实基础。推进行业智能化改造,率先以海洋绿色石化、汽车、海洋高端装备等智能化改造需求密集的产业为切入口,作为首批开展智能化改造全覆盖的重点行业;以提升供应链效率、产业链能级为核心,联合上下游关联企业开展一系列针对智能化关键共性技术、智能化组织管理模式的合作攻关。二是探索行业数字化发展新模式。深入对接浙江省数字化改革战略部署,依托浙江省产业大脑和宁波一体化智能平台,加快布局建设一批面向

涉海先进制造重点领域的企业级、区域级、行业级工业互联网平台,鼓励涉海
先进制造企业依托平台积极发展网络协同制造,促进企业内部、产业链上下游
之间、相关行业领域之间、生产商与消费者之间等多个领域、多种场景数据集
成整合、互联互通,促进全流程信息共享和业务协同。三是夯实涉海新型软硬
基础设施。面向高质量发展需求,抢抓新型基础设施建设机遇,统筹推进人工
智能、工业互联网、物联网、区块链等新型基础设施向涉海制造领域延伸拓展。
规划建设海洋大数据产业中心,推进数字技术和涉海产业融合发展;深入开展
海洋大数据汇集管理、融合处理和挖掘分析等技术攻关,创新海洋信息互联互
通机制,制定统一标准规范。

向海则兴,背海则衰。积极推动绿色海洋中心城市建设具有重要的现实
意义和战略意义。习近平总书记强调,海洋对人类生存和发展具有重要意
义。海洋孕育了生命、联通了世界、促进了发展。深刻践行习近平新时代中
国特色社会主义思想,坚持绿色发展理念,全面推动绿色海洋中心城市建
设,积极构建"21 世纪海上丝绸之路"和"海洋命运共同体",培育壮大海洋绿
色发展新兴产业,有序开发海洋资源,构建绿色海洋经济产业链,共同维护
海洋美丽家园,才能让世界各国共享绿色海洋经济发展成果,为子孙后代留
下一片碧海蓝天。

全球海洋中心城市建设是一项复杂的系统工程,涉及海洋经济、科技、文
化、生态、治理等方方面面,需要集全社会的力量共同努力才能落实好、建设
好、发展好。随着国家海洋强国、"一带一路"等重大战略深入推进,以及上海
"五个中心"建设不断深化,上海全球海洋中心城市建设将迎来更好的发展环
境,要积极融入和主动服务国家及上海发展大局,抢抓机遇、乘势而上、攻坚克
难,力争取得更大更多的发展成果;全球海洋中心城市是一个立意高远、使命
伟大的时代命题,它的建成将标志着人类真正开始由陆地社会走向海洋社会,
由陆地文明走向海洋文明。我国正在由海洋大国向海洋强国转变,打造一批
具有开放性、国际性的全球海洋中心城市是未来我国海洋事业发展的必然
选择。

6.1　海洋经济要素

下面将罗列未来我国海洋中心城市的发展路径,并根据现实给予部分实例。

建设全球航运金融贸易中心。立足海洋城市区域位置与基础设施优势,健全优化航运服务、代理、金融、保险产业链,配套现代化的港口设施、智能化的管理网络和国际化的服务能力,全面打造区域航运枢纽和物流服务中心功能,成为世界航运金融贸易服务体系重要的联结点。

建设全球现代海洋产业中心。依托现代海洋产业链条,促进现代渔业、海工装备制造业、海洋化工业、海洋旅游业、海洋油气开发业、海洋电子信息产业、海洋生物医药产业、海洋新能源产业的转型升级、快速发展、重点突破与技术储备,强化产业要素资源集聚,提高海洋经济产业能级,成为全球海洋产业重要的生产间。

由于海洋产业链长、协同性强、投入大、风险高,依靠单一部门或单一区域难以完成各种复杂任务,需要跨部门、全区域统筹协调,围绕共同目标编制规划、推进重点。如新加坡政府通过围填海、开发裕廊工业区,发展临港产业,吸引外国投资,带动高端制造业和服务业。上海在各个阶段都制定了清晰明确的海洋发展目标,早先将其港口定位为区域港口群龙头,后谋划建设国家航运中心和国际航运中心,并通过地方立法提供政策法律保障,将提升基础设施能力与发展服务软环境并举。

发挥产业集聚效应,发展海洋新兴产业。海洋产业集群有利于延长产业链、提升产业链附加值、深化产业链的国际化程度,夯实海洋经济产业的服务需求基础。新加坡在几十年里经历多次经济转型,最后迅速发展成为全球航运中心、第四大国际金融中心、世界第三大炼油中心、国际船舶燃料供应中心和亚洲海工装备制造重要基地，都得益于其对滨海区位和海洋资源的极致利用。除直接依托港口和贸易、石油资源提炼外，新加坡在海工装备、涉海金融服务等新经济领域的工作，将传统海洋经济升级至科技和服务业驱动的高级阶段，使海洋经济成为新加坡的核心驱动力。

作为全球海洋中心城市要普遍引领全球海洋经济发展，开发利用海洋的各类经济活动在全球都占有举足轻重的地位。新加坡为全球重要的海洋工程装备制造基地，生产全球70%的升降式钻油平台，是海洋工程建造领域的领导者。依托马六甲海峡的战略位置和东南亚等国丰富的油气资源，新加坡积极发展炼油业，成了重要的国际炼油中心。汉堡的滨海旅游业蓬勃发展、特色明显。汉堡是德国最重要的游轮巡回地以及世界前20名的邮轮巡回港口。世界文化遗产仓库城、船运大楼区智利屋、易北爱乐音乐厅，密布的水道、迷人的海景作为汉堡这座城市的名片，每年吸引着来自超过100个国家的50多万名游客前来观赏。积极打造绿色资源能源体系，沿海城市天生的海洋属性和其应具备的(准)中心城市属性，使得这些海岸线城市符合打造全球海洋中心城市的条件。而天生的海洋属性也意味着这些城市在发展中需要顺应海岸线的自然规律，让海洋以海运、海鲜、海景、海产等方式，用可控可持续的节奏参与到海岸线城市的生产生活当中，最后达到三生和谐的状态。这其中，最值得关注的问题就是资源和能源如何有效收集与利用。

通过研究发现，海岸线城市容易出现土地资源紧张、海陆资源不均等开发的问题，如香港和舟山这类半岛或全海岛城市，还容易产生水资源紧张的问题。另外，近30年海洋资源被掠夺式开发，由此引发了海洋生物多样性锐减、海洋生态环境被破坏、海洋极端性自然灾害频发等生态危机。那么如何有效且合理收集、利用资源和能源，就成为海洋中心城市绿色发展所面临的首要难题。

一方面，从获取源头入手，坚持合理地向海洋要资源和能源。比如，提高海水淡化生产和应用比例以缓解水资源紧张的现状；加快发展海洋牧场，在增加渔牧资源的同时增加人工碳汇；持续发展海上风电、潮汐能发电、渔光互补发电等新能源；大力开发氢能源，研究建立清洁能源转换枢纽基地；等等。这些措施是基于海洋中心城市的海洋基础属性,也是海洋中心城市得天独厚的绿色发展天赋。

另一方面,开源之后更应节流,应积极开展净零碳行动以提高资源和能源利用率、积极参与完成国家"3060"的减碳目标。在土地利用和交通方面,多维度拓展提高空间利用率;提高徒步类和非机动车类服务设施的覆盖面积和可达性,从而减少机动车出行带来的碳排放和尾气污染;提高单位土地面积内活立木的蓄积量,通过植被吸收更多的二氧化碳并净化空气。在建筑运行方面,尽可能降低公共建筑的外围护结构传热系数,以此来降低建筑的采暖和制冷需求,从而减少电力消耗、节省电力资源。在建筑材料选用方面,应尽可能提高建筑拆除材料的回收率和可回收建筑材料的使用率。新能源利用方面,研究使用"复合可再生能源网系统",在智能系统调控的前提下,多种可再生能源的复合使用是提高能源利用稳定性的可靠手段,一个稳定的复合可再生能源网系统一定包含了多种能源和技术。在水循环方面,合理搜集利用雨水和回用水,可以降低缺水型城市对外界供水的依赖,还能降低运输水过程中产生的能耗,同时保障用水安全;增加人工湿地,尤其是海岸滩涂的红树林面积和海草床面积,提高自然净化能力和碳汇能力。在垃圾处理方面,提高餐厨垃圾的本地堆肥资源化利用,提高生活污水污泥利用率。在产业方面,寻找目标城市的减排潜力产业,有些海洋城市的减排潜力产业在畜牧养殖业,有些则可能在水产养殖业。

6.2 海洋政治要素

政治与经济是密切相关的,因此作为海洋中心城市,不仅要在国内站稳政治立场,更要在国际上有着不小的政治影响力。下面给出一些例子作为未来海洋中心城市建设的设想方向。

建设海洋城市,离不开政府与市场的相互促进。香港恪守"小政府、大市场"原则,是市场主导型的典型代表;新加坡则秉持"政府搭台、市场唱戏"方式,是政府主导与市场驱动相融合的典型模式。政府创造稳定优良的政策环境、服务环境和法治环境,帮助海洋企业释放自主创新能量、促进产业集群集聚、提升涉海投资效率、促进产学研融合。

国际化、法治化的营商环境是推动全球城市发展的助推器,也是衡量城市吸引力、竞争力和发展潜能的重要标志。全球海洋中心城市普遍以优良稳定、开放包容的营商环境著称于世。科尔尼集团于2019年首次发布的《全球城市营商环境指数》,围绕商业活力、创新潜力、居民幸福感、行政治理四个维度,对全球45个国家的100座领先城市的营商环境进行了考察排名,纽约、伦敦、东京、新加坡等全球海洋中心城市都稳居世界最佳营商环境城市第一梯队。世界银行发布的《2020营商环境报告》也显示,新加坡连续4年位于全球第二位。

深圳可以联动香港和海南。深港共建内外双循环枢纽,重点发展涉海金融交易、法律仲裁、船舶管理等海洋高端服务。深琼共建南海桥头堡,加强国家涉海城市功能网络枢纽引领和要素互动。

推动湾区协作。广深双城联动,建立国家级海洋综合科学中心和海洋产业联盟,优化湾区资源配置;推动与珠海、惠州等城市在港口、能源、海上监测和公共服务设施等方面的共建共赢;推进湾区互联,强化海上信息网络、交通联络和旅游体系建设;引进国家级涉海战略资源要素在湾区集聚,鼓励共建联合实验室、工程技术中心等平台。

香港的海洋及其相关专业在全球具有较强竞争力,香港大学地球和海洋科学专业在2021年QS全球大学专业排名第49位,香港理工大学、香港科技大学的地球和海洋科学专业都进入2021年QS全球大学专业排名前200强,香港拥有太古海洋科学研究所、海洋污染国家重点实验室伙伴实验室等一批高水平研究机构和科研平台,加强深港海洋协同创新,着力汇聚香港海洋高端要素,将对深圳海洋科技创新形成巨大助力。目前受制于体制机制限制、口岸通关不便利等多种原因,深圳与香港的海洋经济科技创新合作仍处于探索阶段;截至2020年4月,香港机构在深圳设立海洋领域创新载体仅有1个,占香港机构在深圳设立创新载体总量的2.4％。建议:一是探索建设深港海洋经济合作示范区。深入落实"双区"驱动战略,以建设国家级海洋牧场示范区为契机,争取建设深港海洋经济合作示范区,加强与香港特区在海洋渔业资源和水域生态环境优化修复等方面的科技合作。二是加强深港海洋科技合作平台建设。依托大鹏集中承载区,布局建设若干深港海洋科技合作平台,争取适用深港科技创新合作区优惠政策,加快完善香港高端人才往来集中承载区的口岸通关基础设施,进一步便利"香港生活、内地工作"模式,着力汇聚香港海洋高端科技创新要素。三是注重发挥香港的超级联系人作用。充分利用香港与国际接轨的营商环境和科研机制,联手香港机构在香港设立一批海洋专业领域的国际化枢纽型组织,引导国外研究机构、国际性组织等经由香港与深圳加强合作,吸引更多海洋领域的国际高端科技要素汇聚集中承载区。四是强化河套深港科技创新合作区内的海洋科技合作。建设一批涵盖海洋科学、环境科学等前沿性领域的重大项目,推动深港两地海洋科技创新要素在合作区内便捷有效地流动。此外,要推动在大湾区建设领导小组下设立大湾区海洋合作专责小组,强化深港海洋合作的科技政策协调力度。争取与港澳共同建设"国家南方深海海洋科技创新基地"和"国家南方海洋基地"。

6.3　海洋科技要素

在经济新常态下,全球主要港口积极探索转型升级,总体呈现三大特征:一是港口圈层的智能化运营,如新加坡港口2030战略提出智慧港口,突出智能化操作和运营,上海洋山港已引入全自动化装卸设备和生产管理控制系统;二是腹地圈层的智慧物流运输,如新加坡港的电子商务系统Portnet、汉堡港的DAKOSY信息平台,为物流各参与方提供物流等应用的一站式平台,极大提高效率;三是城市圈层的智慧城市协同发展,规划、建设和管理一体化运作,如汉堡港针对易北河制定了潮汐能利用和疏浚方案,在港口周围建设节能减排设施和智慧安全的交通管理。

因此,作为海洋中心城市,科技的发展是不可或缺的,在未来的全球海洋中心城市,高水平的科技创新能力是绝对存在的。

6.4　海洋文化要素

文化是除经济外最为重要的提升海洋城市影响力的方式,一座全球海洋中心城市在对外文化输出上应该有着强大作用力,在这一点上我国还处于起步阶段,但伦敦等海洋中心城市的文化宣传方式能够提供宝贵经验。

建设全球海洋文化交流中心。依托城市的海洋文化资源和城市品牌优势,积极开展国际海洋科技展览会、海洋文化会展、海洋民俗节庆、海洋经贸论坛、海上体育赛事等涉海文化娱乐活动,吸引大批国际经贸组织、文化交流机构及政府机构参与,打造独具特色的城市海洋文化品牌,成为全球海洋文化重要的策源地。

重视打造海洋文化品牌,提升城市"软实力"。全球著名海洋中心城市在海洋文化品牌上都具有较高的国际知名度和美誉度。一方面,重视海洋旅游、节庆项目的整体策划和包装推介,如汉堡培育港口节、邮轮日,使得海洋旅游节庆与海洋经济发展相互促进。另一方面,坚持举办国际海事大会和海事展,形成长久品牌,如新加坡、汉堡的海事展都已举办多年,影响广泛。

强化海洋地域同源价值认同,增强东方海洋文化自信。推动深港同源共融共振和大湾区文化互联互通,打造全球海洋文化 IP;把握区域特征和城市优势,彰显开放包容的海洋文化气质;依托"21 世纪海上丝绸之路"、面向南海,搭建东方特色的海洋文化国际交往舞台。文化产业赋能,推动海洋文化产业特色集群化发展。发挥设计之都优势,培育海洋高端文化艺术服务业,创新海洋旅游产品供给;立足海丝文化传播,促进"非地文化"产业交流与产品交易;完善"科技、创新、生产、消费"的海洋文化产业链条。

深挖海洋经济、地理、军事等历史文化脉络。加强海洋文化挖掘与传承,联合粤港澳推动海上丝绸之路海底考古、水下文化遗产的调查研究,深挖海洋地理和文化的历史脉络,为海洋权利主张提供依据和参考;活化利用海洋遗产,结合海洋博物馆和档案馆等建立国家级海洋文化资源档案目录和数据库。

传统全球海洋中心城市的建设与发展相对重视政治与经济的建设,一直到发展后期,才会慢慢重视海洋属性的社会文化与生态环境的修复保护,如汉堡的港口及河道修复、北海油气污染追究责任制建设。这与西方城市化进程的路径是一脉相承的。新时代中国特色社会主义意义下的全球海洋中心城市应是新型的海洋中心城市,在海洋属性的基础上,把海洋生态、海洋文化与海洋政治、经济深度融合,实现以共生为基调的全面发展。

首先,产业是城市发展的核心。应不断挖掘海洋属性文化,大力发展诸如海岛旅游、传统海洋手工业之类的海洋文化产业和海洋休闲产业,打造文化氛围浓郁的海滨亲水空间。让这些低能耗、自然契合型产业深度跨界融合,助力海洋生态环境保护,同时减轻城市发展的资源环境负担,并为城市特色差异化发展提供文化方面的思路,使文化属性成为生态效益向经济效益转化的重要媒介。

其次,文化是城市发展的灵魂。海洋中心城市不应该是冷漠的城市,文化使城市有热度、使市民产生归属感,海岸线城市的海洋属性文化及市民对其的认同感和认知感是一个海洋中心城市发展的灵魂所在,应积极发展海洋属性文化。当然,在海洋属性文化发展之初,可能会遇到受众较少的情况。这直接导致文化效益转化为生态效益或经济效益的转化率相对较低,并反过来阻碍海洋属性文化的可持续发展。可以依托数字化改革,采用"云文化"传播的方式,增加海洋属性小众文化的受众。并且可在城市区域承载力等评价机制研究领域,加入文化方面的评价指标,多方位提升文化在城市发展中的地位。

最后,从"大文化"视角,多手段激发城市创新活力。海洋中心城市必须拥有自己的自主创新示范区,并不断提升高新区的等级,加快产学研一体化进程。组建海洋中心城市学院对海洋中心城市进行有效的持续性研究,为海洋中心城市发展提供智力支持。定期出版《全球海洋中心城市绿色发展白皮书》,展示发展成果。加快数字化改革,运用云技术实现海洋中心城市的建设数字化、可视化和监控的实时化。

6.5　海洋治理要素

海洋安全治理是当前国际社会关注的焦点议题之一。由于海洋本身的公共性和流动属性,海洋安全各要素之间形成了复合关联,加之相关议题兼具辐射性和扩散性,对域内海洋安全风险的管控很难仅依靠少数国家的治理来实现。但就当前全球海洋安全治理体系而言,制度碎片化和层次化发展趋势明显,往往既有安全风险尚未得到有效解决,新的安全问题就已经产生和发酵。特别是在类似于新近发生的"俄乌冲突"这样的重要国际事件影响下,海洋安全要素范畴进一步扩展,既有海洋安全秩序的局限性日渐凸显。现行国际治理秩序存在明显局限性,包括国际制度约束松散、权力政治逻辑显著、传统安全要素与非传统安全要素交织、国家应对能力建设不足、生态环境系统失衡等,难以应对层出不穷的海洋安全议题。中国以多元行为主体界定海洋安全治理,以多层次治理模式建构海洋安全治理框架,以恰当手段联动完善海洋安全治理路径,并以短、中、长期目标结合方式,确定海洋安全治理的基本原则。中国正加强应对海洋安全风险的能力建设,从理念、政治、经济、生态环境等维度优化海洋安全治理,推动全球海洋安全治理秩序的发展和完善。

在我国,深圳的海洋生态监控可以为我国海洋中心城市建设做指导。

深圳建设全球海洋中心城市的战略工程,对海洋环境技术企业而言,既是机遇也是考验。而作为旨在打造国际顶级海洋环境高科技企业的朗诚科技而言,已经悄然布局,于深圳,于企业,新征程大幕开启。2020 年 2 月,深圳市海洋监测预报中心与"深圳市水环境自动监测站建设项目(陆源入海污染水质自动监测系统)设计采购施工总承包(EPC)"项目中标方朗诚科技在深圳蛇口召开了项目建设启动会,标志着深圳陆源入海污染水质自动监测系统建设正式拉开帷幕。

深圳市陆源入海污染水质自动监测系统由 20 条入海河口监测站点和后端信息系统组成,可对深圳市主要入海河流水质状况进行实时监测,并开展数据分析评价、污染物入海通量测算及入海污染物扩散研究,为以海定陆、海陆统筹的环境治理思路和海陆经济协调持续发展方针提供有力的技术支撑。

深圳市陆源入海污染水质自动监测系统的建设,是深圳市委、市政府践行习近平生态文明思想,坚持人与自然和谐共生的重要行动,也是深圳建设全球海洋中心城市的重要举措。朗诚科技深度参与如此重大的项目,本身亦是对其实力的认可。

深圳市海洋监测预报中心主任李文娟、副主任周凯,朗诚科技总裁朱伟胜、党委书记吕伟红、副总裁陈总威及双方项目负责人员出席了本次启动会。会上,朗诚科技就项目实施计划进行了汇报,海洋监测预报中心领导听取汇报后,对项目实施重点工作和时间节点提出了具体要求。

朱伟胜总裁在汇报中表示,深圳市陆源入海污染水质自动监测系统是中国目前最大规模的区域性陆源入海污染物在线监测系统,朗诚科技将调遣精兵强将,从现场勘察、方案设计、硬件系统、软件系统、质量控制到业务化运营,都要用创新的理念、最先进的技术,把项目做到中国一流水平,成为国家陆源入海污染物在线监测业务化应用示范工程,充分展示朗诚科技作为海洋在线监测行业龙头企业的风范。

建立绿色海洋价值示范。实现从近海到远洋的蓝色价值转变,构建海洋命运共同体,深入践行海洋生态文明理念,通过蓝绿湾区传达海洋文化全新的价值观,打造绿色典范城市形象。

树立"碳达峰、碳中和"的蓝碳技术示范。"控碳源",推进海上风电等新能源核心技术应用,促进能源结构转型;"增碳汇",加强"蓝碳"与海洋负排放技术研究;"定标准",技术标准创新先行,加强机制原理、方法和标准体系研究。

践行绿色理念,提高海洋生态水平。开展海洋生态系统修复,保护海洋生物多
样性,重点加强红树林、珊瑚礁等海洋生境的保护、修复;推行绿色设计,降低
开发利用影响;开展海上污染综合治理,改善海洋生态环境质量。提升监测标
准与手段,搭建海洋生态环境监测网络,打造生态环境的智慧信息化系统。

　　海洋牧场建设是国家"蓝色粮仓"战略的主战场,蕴含了新技术、新装备、
新业态、新模式。深圳大鹏海洋牧场总面积达 7.48 平方千米,但技术储备仅
为广东海洋大学深圳研究院的珊瑚礁生态养护技术,海洋牧场向深、远海拓展
的技术处于空白状态。建议:一是规划设立现代化海洋牧场研究中心,系统开
展现代化海洋牧场构建原理创新与技术攻关。主要开展包括基于生态系统理
论的人工鱼礁建造、上升流营造、海藻场、海草床、珊瑚礁修复,生境结构功能
优化等人工生境技术的开发和应用。二是支持在海洋牧场中推广应用 5G 技
术,提升海洋牧场"可视、可测、可报"的能力。利用深圳信息产业的优势,引导
华为、大疆等企业研发海洋牧场生态环境和渔业资源的原位在线监测、三维立
体在线监测、水动力——生态耦合、灾害预警等方面的技术装备。三是支持招
商重工、中集等大型海洋国企建设海洋牧场装备研发中心。海洋牧场向深、远
海拓展离不开融合应用养殖技术和物联网技术实现养殖生产集约化和智能化
的装备。中集等国企在海洋装备领域具有研发和制造优势,可以助力海洋牧
场装备制造。

　　我国目前已有记录的 2 万多种海洋生物中,南海约占 70％,南海北部海区
有记录的鱼类 1065 种,常见的经济鱼类 100 多种。而目前的海洋酸化带来了
大量物种灭绝、生物多样性"退化"等不可想象的后果。确保海洋物种安全成
为深圳在国家战略中的必然担当。深圳大鹏已经引入海洋生物育种、海洋生
物救助等领域项目 10 多个,产生相关专利 30 多个,但是整个海洋物种保护工
作系统性不足。建议:一是启动海洋物种繁育方面的立法工作,形成规范产业
发展的法制体系,推动产业健康、快速发展。二是加大对国家基因库在海洋物
种资源储备和遗传方面基础研究的支持力度。确保国家基因库第二期的土地
供应,支持其在海洋物种繁育上与华大海洋等企业开展科研成果的产业化合
作。三是推动海洋物种繁育技术与人工智能和 SG 通信技术的整合。通过科

技项目立项支持企业运用人工智能技术进行海洋物种的繁育选择和培养,运用 SG 技术进行繁育过程跟踪监测。

目前我国有 8 个城市相继提出建设全球海洋中心城市,但只有上海和深圳拥有相对全面的发展规划和有效的制度供给,并且"绿色"仅作为一种发展限制占据相对较少的篇幅,比如上海关注海岸线生态修复、深圳建立海陆联动治污机制等。但"绿色"应成为"绿色+",不是一个单一的、表示优质发展状态的形容词,而是实际发展的一部分。广义的"绿色+"制度的设计和实施,应从城市联动规划、绿色思维建立和绿色宣传教育三方面入手,达到形成绿色的社会运作模式和社会结构的目的。

"绿色+规划"方面,相关部委或领衔城市可尝试发挥组团聚集效应实现要素互通,坚持系统思维和整体思维的体系建设、出台高层级全球海洋中心城市发展"绿色+规划"。同时,8 个城市可联动亦可坚持特色,即坚持一城一特色,用不同明暗度的绿色进行区分式定位发展,用来应对发展后期会出现的同质化竞争与"千城一面"。不断研究出台相关配套子制度或机制,如绿色港口制度、绿色船舶计划、响应碳中和行动提出低碳海岸线建设等,来实现海洋中心城市的联动保护性发展。最后,应积极发挥中心城市的领雁作用——这 8 个城市分布在绵长的南北海岸线上,应努力向周边、内陆辐射绿色能量。

"绿色+思维"方面,将"绿水青山就是金山银山"的理念落实到生产生活当中。"绿水青山就是金山银山"理念是指导绿色发展的根本性理念,只有以"绿水青山就是金山银山"理念为信念,才能笃定实行,才能在实践当中真正重视生态因素。其次,在坚信"绿水青山就是金山银山"理念的前提下,构建生态系统服务价值思维,让自然生态系统给予人类的服务有"价"可循。同时,要明辨有"价"不是为了买卖自然资源,而是以"价"表示人类对生态系统的重视程度——生态系统服务有"价"亦无价。通过前置案例研究发现,在区域资源环境承载力视角下,经济效益的提升也有助于提升区域承载力,其途径就是在可控合理的情况下,极大限度地增加治理污染的投资额,落实生态损失或保护补偿措施。在这个意义上,经济效益成功转化成为生态效益。所以,可以综合运用多种现有机制,加快开展海洋中心城市的自然资产核算、GEP 核算、海洋碳汇核算,推广应用排污权交易、碳交易等实际措施,减轻海岸线城市发展给海洋生态环境带来的压力。

"绿色＋宣教"方面,应多渠道、多手段、全范围增加生态绿色理念的宣传和教育。在全球海洋中心城市率先实现绿色理念宣传教育全覆盖,构建"政府—企业—社会—公众"绿色理念多元宣传共治体系,整合资源,多方合作。从政府层面来说,相关部门应积极研究设计相关动力,针对社会公众和企业做好持续性的正向观念输入工作,帮助社会公众、企业等主体构建正确的生态观。比如,创新绿色生态宣传方式,举办海洋特色主题的生态保护宣传活动;将生态理念宣传融入城市建设,打造海洋生态主题的氢能公交车站等城市家居宣传品;同时将绿色生态理念融入基础教育,让绿色理念认同度低幼化,从而实现理念的全社会覆盖。从企业层面来说,则需主动建立"绿起来""绿出去"的发展观,在生产上履行社会责任,让绿色产业名副其实,并从资金、场地、人力等多方面大力支持配合政府生态宣教活动,如建立绿色生产游学基地等。社会层面,一方面社会组织应积极开展生态主题活动,诸如通过搭建高效生态社团交流平台等方式,引导全社会参与生态保护活动;另一方面,公众则应多关注和学习生态知识、多参与生态主题的公益活动,提升自我生态素养,积极成为生态公民。

chapter 07

第 7 章

宁波—舟山海洋中心城市

7.1　宁波—舟山海洋中心城市提出时间

浙江是习近平海洋强国战略思想的重要萌发地之一,是海洋强省战略的先行示范区。在浙江工作期间,习近平同志指出"发展海洋经济是一项功在当代、利在千秋的大事业。由大海注入的强劲动力,使浙江的科学发展之路更为顺畅,对浙江整个经济社会的发展,意涵深远"。浙江在 2003 年全省海洋经济工作会议上提出"海洋经济强省"战略。同年,省委十一届四次全会将海洋经济列入"八八战略",并一以贯之地坚持推进。之后,浙江成为国家海洋战略密集叠加的省份之一。2011 年,国务院批复《浙江海洋经济发展示范区规划》,紧接着又设立浙江舟山群岛新区,这是我国唯一以海洋经济为主题的国家级新区。浙江舟山成为国家海洋战略实践前沿,已有江海联运服务中心和中国(浙江)自由贸易试验区等国家战略规划和政策平台相继落地。2018 年,浙江温州、宁波被列入国家海洋经济发展示范区。2020 年,宁波、舟山分别启动推进全球海洋中心城市规划建设。

宁波在"十四五"规划中提出,将全力建设海洋中心城市。统筹湾区保护和开发,推进环杭州湾先进制造产业带、环象山港生态经济区和环三门湾海洋新兴产业带建设,实施生态海岸带建设工程,打造一批海洋特色功能区块,加快建设宁波海洋经济示范区。

《浙江省海洋经济发展"十四五"规划》也明确了宁波—舟山建设海洋中心城市的路径,即充分发挥宁波国际港口城市的优势,以世界一流强港建设为引领,以国家级海洋经济发展示范区为重点,坚持海洋港口、产业、城市一体化推进,支撑打造世界级临港产业集群,做强海洋产业科技创新,引育一批国际知名涉海涉港高校和科研机构,联动杭州、舟山共建海洋科技创新重点实验室,打造国际海洋港航、科研、教育中心;推动高端港航物流服务业突破发展,集聚航运金融、航运交易、海事服务、法律咨询等平台机构,提升国际影响力;加强海上丝绸之路海洋事务国际合作,挖掘海上丝绸之路中的"活化石"文化,积极参与海洋领域国际标准制定,打造国际海洋文化交流中心。

2020年1月,浙江省《政府工作报告》提出"要谋划建设全球海洋中心城市";3月,浙江海洋强省建设重点工作任务清单中明确由宁波、舟山分别启动推进全球海洋中心城市规划建设。这是继浙江海洋经济发展示范区、舟山群岛新区、舟山江海联运服务中心、大湾区建设等海洋政策后的又一重大发展举措。高起点、高标准谋划全球海洋中心城市建设,对浙江抢占新一轮海洋经济的发展高地、培育海洋经济新增长极具重大战略意义。

7.2 宁波—舟山海洋中心城市发展现状

7.2.1 宁波—舟山海洋中心城市发展基础优势

海洋经济实力增强,城市影响力逐步提升。"十三五"时期,浙江海洋生产总值从2016年的6747亿元,增长到2018年的7965亿元,年均增长约8.5%,占地区生产总值的比重稳定在14%左右,海洋经济已经成为浙江地区经济增长的重要支柱。随着近年来一大批海洋经济政策的深入实施,特别是宁波—舟山港的一体化运作,两地的国际影响力不断攀升,全球的知名度也逐步扩大。

海洋区位得天独厚,海洋资源较为丰富。宁波、舟山具有优越的海洋区位优势,位于我国长江发展轴和沿海发展轴交会处,是长江经济带重要的出海通道,是紧邻亚太国际主航道的重要出口,全省可规划建设万吨级以上泊位的深水岸线主要集中分布在宁波—舟山港一带,是我国建设深水港群的理想区域。

拥有海岛岸线、海洋生物资源、海洋油气资源和海洋旅游四大基础优势。

宁波—舟山港优势明显,港航服务水平稳步提升。2019 年,宁波—舟山港累计完成货物吞吐量 11.19 亿吨,成为目前全球唯一年货物吞吐量超 11 亿吨的超级大港,并连续 11 年位居全球港口第一。同时,全年累计完成集装箱吞吐量超 2753 万标准箱,排名蝉联全球第三。依托港口发展,海洋交通运输业已经成为两地海洋经济发展的优势产业,海铁联运、江海联运等多式联运服务体系不断完善,服务水平不断提升。

涉海科研院所较为集聚,海洋科研能力稳步提升。宁波、舟山集聚了一大批省内海洋科研院所,具有代表性的有浙江大学浙江海洋学院、浙江海洋大学、宁波海洋研究院、湾区经济研究院、宁波诺丁汉国际海洋经济技术研究院等涉海科研院校。海洋科研能力稳步提升,甬科声学、星箭航天等参与完成的"蛟龙号载人潜水器研发与应用"项目获国家科技进步一等奖。世界领先的林东大型海洋潮流能发电机组首套 1 兆瓦模块并网发电,这些都对科研成果的转化示范起到了重要引领作用。

7.2.2　宁波—舟山海洋中心城市发展形势

从全国看,除深圳、上海外,天津、大连、青岛、厦门、广州等沿海主要城市也都在积极谋划打造全球海洋中心城市,国内竞争相当激烈。大连位于东北亚经济圈中心位置,凭借海工装备及造船业等高端产业,具有较强的竞争力,且已经出台了发展规划;青岛海洋科技与教育优势相当明显,拥有较成体系的海洋科研力量,海洋科研力量在国内城市中首屈一指;深圳凭借较为完备的金融服务业,在海洋中心城市建设上独树一帜;上海则凭借港口物流、金融服务、城市影响力等综合优势,已经具备了全球海洋中心城市的条件。

从浙江看,宁波、舟山打造全球海洋中心城市的整体综合实力还不具备,除宁波—舟山港这一金名片外,不论从整体海洋经济发展实力还是从海洋城市影响能力,与国内的沿海城市相比,还有较大差距;加上距离上海较近,上海的"虹吸效应"对宁波—舟山的发展也带来了不小挑战。宁波、舟山要打造全球海洋中心城市,需要深挖自己独特的港口航运优势,走差异化发展道路,分阶段分目标逐步实施。

7.2.3 舟山海洋中心城市建设现状

就现状来看,舟山是国家海洋战略要地,承担的国家海洋战略任务最多、最全面。因此,舟山理应承担起建设全球海洋中心城市的战略任务。舟山背靠长三角都市圈,在长三角一体化战略引领下,应积极探索和实践"共建共享"的新时代城市发展新模式。即将舟山定位为中国的舟山,协调长三角的相关城市在舟山建设海洋飞地,将各城市在海洋领域的优势资源集聚舟山并得以充分发展,发展的红利归各地所有,从而实现"共建共享"。从深圳的经验来看,经过5—10年的建设,舟山崛起成为一座现代化、有影响力的海洋中心城市完全是有可能的。

作为海洋经济占比最高的城市,舟山打造全球海洋中心城市有着无可比拟的优势和动力。围绕全球海洋中心城市建设,舟山市2020年在强化规划引领、主抓重大项目、加强基础设施建设、发展要素支撑等方面寻求突破。在《任务清单》中,推进舟山群岛新区2.0版建设和国家智慧海洋试点示范工程建设;加快浙江自贸区油气全产业链"一中心三基地一示范区"建设;推动自贸区以更大改革自主权方案落地实施等。《任务清单》明确提出,加快舟山绿色石化基地建设;推进浙江舟山液化天然气(LNG)接收及加注站项目二期建设,加快浙能六横LNG接收站、中石化六横LNG接收站项目前期工作;推进马迹山三期矿石码头工程项目、鼠浪湖西三区堆场及配套码头项目等核准并争取开工。

在原有临海产业发展稳定的情况下,舟山各类新兴产业发展迅猛,但发展的多样性和复杂性必然带来区域资源环境的不稳定性。另外,近几年舟山重工业的发展势头不可小觑,2017年始建规模为4000万吨/年炼化一体化项目的石化工业,并于2019年全面投产。重工业的发展对区域资源环境势必造成一定影响。

7.2.4 宁波海洋中心城市建设现状

浙江省发展规划研究院首席研究员秦诗立认为,宁波—舟山港吞吐量大,但在国际港口中的话语权始终不强,只有实现海洋战略新兴产业、海洋金融、海洋服务、海洋科教等能力的提升，才能支撑港口话语权的真正增强，进而实现整座城市在国际海洋经济中话语权增强的相互促进。

坐拥全球货物吞吐量第一和集装箱吞吐量第三大港，宁波却面临"大港小航"的发展窘境。"港口是海洋经济的重要组成部分，也是基础。但宁波要打造海洋中心城市，不仅要拥有全球领先的大港，还要实现临港产业、金融保险、专业人才、公共服务等其他方面的能级跃升。"宁波市政府发展研究中心副研究员农贵新说。

7.3 宁波海洋中心城市发展取得的成果

7.3.1 宁波海洋中心城市发展在经济方面的成果

浙江省一直是我国传统海洋渔业大省，且已实现由单一依赖近海捕捞向远洋捕捞、休闲渔业、海水养殖等多种海洋渔业共同发展，水产品精深加工、海洋生物医药、国际水产品贸易等全产业链体系化集群发展转变，是全球重要的海洋水产品基地。宁波—舟山港获得持续近 20 年的飞跃发展，已连续多年位居世界第一。依托宁波—舟山港巨大的港口吞吐量，浙江港航服务产业迅速发展。

浙江自贸试验区全力打造的油气全产业链"一中心三基地一示范区"，即：以原油、成品油、燃料油现货交易为重点的国际油气交易中心；以保税船用燃料油供应为切入点的国际海事服务基地，以石油商业储备为重点的国际油气储运基地和以环杭州湾石化产业集群为引领的国际绿色石化基地，以及以大宗商品跨境贸易结算为核心的人民币国际化示范区。

2019 年 10 月 22 日，"浙江国际油气交易中心"正式揭牌，目前，该中心与上海期货交易所共同签订《共建长三角期现一体化油气交易市场战略合作协议》,6个油库成为上期所原油和燃料油期货指定交割库,并成功开展了全国首单燃料油期货交割业务。此外,"浙油中心报价专区"在上期标准仓单交易平台上线,全球知名能源报价机构阿格斯和普氏能源先后发布舟山保税船用燃料油价格指数和估价,初步形成保税船用燃料油"舟山价格"。

而在舟山离岛片区,浙江自贸试验区国际油气储运基地储备能力实现"一亿吨"的雄心,正在稳步实现。目前,黄泽山储运项目一期等 7 个油气重点项目已经建成,在建油气重点项目 9 个。曾经荒芜的鱼山岛,如今已拔地崛起一座新型绿色石化城。在这里,民营企业主导的全球规模最大单体工业投资项目——浙石化 4000 万吨/年炼化一体化项目,一期已全面安全稳定投产,累计完成投资 1250 亿元,加工原油 778 万吨,产值 257 亿元,实现了"十年任务四年完成"的建设目标。目前,项目二期已全面开工。

7.3.2　宁波海洋中心城市发展在文化方面的成果

在古代,浙江就是中华民族海洋探索的先行地,河姆渡文化具有鲜明的耕海牧渔的海洋特征。在帆船贸易年代,舟山(双屿港)就已成为亚洲最大的海上自由贸易基地,被日本学者藤田丰八称作"16 世纪之上海"。海洋渔业、海洋贸易的悠久历史既促进了浙江城市向海发展和国际化发展,也成就了浙江深厚的海洋文化传统。

梅山已经形成了以宁波海洋研究院和宁大梅山科教园为核心,海运学院、麻省理工学院(MIT)物流创新学院、河海大学研究生院、中美海洋生物医药研究中心等国内外知名高校及科研院所集聚的良好发展态势,十分适宜海洋科技方面的专业化开发。

7.3.3　宁波海洋中心城市发展在环境方面的成果

清洁能源发展齐头并进。首个由国家能源局核准、民营企业投资、建设和管理的 1000 万吨级 LNG 项目——新奥 LNG 接收站项目一期顺利建成,已成为浙江省天然气"县县通"重要气源和应急保供的重要保障。此外,计划在六横岛建设的 1200 万吨浙能 LNG 接收站项目和 1500 万吨中石化 LNG 接收站项目正加快前期推进,建成后将为浙江、江西以及长江经济带沿线城市和企业提供天然气能源保障。

7.3.4　宁波海洋中心城市发展在国际海事方面的成果

国际海事服务基地还引进力鸿仕宝等 3 家全球前四检测机构,设立自贸试验区仲裁中心、海事商事纠纷调解中心,船舶管理、油品检测、航运科技等 160 余家产业链企业迅速集聚,拓展了海事服务生态链。

大宗商品跨境贸易人民币国际化示范区影响不断扩大。浙江自贸试验区跨境人民币业务结算量三年累计突破 1700 亿元人民币,仅次于杭州、宁波,去年达到 960 亿元。

最近,宁波国际中转集拼业务实现了零的突破——从伦敦启运的进口货物抵达宁波—舟山港穿山港区后,分拨至浙江自贸区宁波片区四海物流仓库进行集拼作业,然后再运往香港。"以前,我们的国际中转集拼货物主要安排在香港进行集拼,但随着宁波—舟山港的发展,这边的航线资源已经比香港更优秀。"珠海维佳国际货运代理有限公司罗经理说。

宁波成立了全国首家航运保险公司——东海航运保险股份有限公司,并拥有全球知名的海事仲裁、海事法律机构分支,是我国航运经纪服务、航运保险服务、海洋法律服务较为健全的城市;舟山通过建设中国(浙江)自由贸易试验区,重点推进以油品全产业链为核心的大宗商品投资便利化和贸易自由化,正在加快成为东北亚保税船用燃料油供应中心,目前已建成全球知名的修造船基地、亚洲最大的铁矿砂中转基地、全国最大的商用石油中转基地、全国重要的化工品和粮油中转基地、国家石油战略储备基地、华东地区最大的煤炭中转基地,并成立国际海岛旅游大会。

7.4 宁波—舟山海洋中心城市的问题

"舟山应该建设一个怎样的全球海洋中心城市?"俞树彪认为,"是综合性、单向性的,主要体现在创新型、活力型、头部型、网络型、开放型和交往型等方面。"而当前舟山在建设"全球海洋中心城市"上,还有诸多制约因素,例如意识不够强烈、新兴海洋产业不够、人才不足、宣传不到位等。

城市国际影响力不足,核心功能不突出。从全国范围来看,进入全球中心城市行列的仅有北京、上海、广州、深圳等城市。从城市核心功能来看,宁波—舟山凭借港口吞吐量占有一席之地,但是从航运中心角度来看,全球航运中心仅有上海上榜,宁波—舟山还不具备全球航运中心的实力。从全球科技中心城市、金融中心城市、全球科技创新中心城市等角度来看,宁波、舟山都榜上无名。

海洋金融等服务业滞后,影响海洋中心城市形成。海洋服务业已经成为海洋中心城市必备的软实力,支撑港口航运发展的航运服务、航运经纪事务、海事仲裁、海洋金融等服务业就成了重要支撑。从目前发展情况看,宁波—舟山海洋服务行业发展水平仍处于不断完善阶段,与打造高端海洋服务业发展目标相比,仍有不小差距。

海洋特色不突出,产业布局趋同。宁波—舟山与大连、青岛、上海、厦门、广州、深圳等地的海洋产业布局类似,都是以自身传统海洋产业为基础,依托自身的港口条件,发展港口物流业、交通运输业。从海洋新兴产业布局来看,宁波—舟山布局的海洋生物医药、海洋船舶制造、海水淡化、海洋新能源新材料等产业与沿海其他城市相比也较雷同,特色优势不明显。

绿色发展任重道远。总体上,2011—2019 年宁波—舟山区域资源环境承载力水平总体呈平缓上升趋势,指数为 0.347—0.669,2018 年后增速有所放缓,数据结论提示可提升空间较大。经济子系统承载力的稳步增加是提高区域资源环境承载力的有利因素。而资源子系统在很大程度上限制了区域资源环境承载力的进一步提升。同时,宁波—舟山区域资源环境承载力对环境子系统的依赖性特征十分明显。

制约宁波涉海先进制造业发展的关键问题是,产业结构不佳,新旧动能转换较慢。就目前宁波涉海制造业体系来看,临港产业产值规模大,但战略性新兴产业发展不足,新旧动能接续转换不够顺畅,表现为:深远海工程装备、智能涉海设备等新兴产业整体规模不大,具有节点控制力的领军大企业、强带动型大企业和平台型生态型大企业不多等。同时,存在新动能创新能力偏弱、旧动能转型升级动力不足的问题。产业能级不高,产业链竞争力偏弱。对标全市海洋经济发展内在要求,宁波涉海制造业产业能级不够强,尤其是新兴产业领域,存在产业链相对较短、构建水平较低、核心竞争力不够强等问题。例如,海洋工程装备领域,缺少深海、远海等领域产品,主要集中于生产零部件等配套设施,缺乏海工装备总包能力及相关重大项目。产业质效不高,仍处于价值链低端。宁波涉海制造业整体仍处于全球产业链价值链低端环节,原创性研究和颠覆性产品研发较少,高端产品发展水平有待提升。例如,海洋新材料中,高性能特种钢、高品质微电子材料、高性能工程塑料等关键材料仍然依赖进口。产业协同不足,配套合作不够紧密。宁波涉海制造业区域合作深度不足。例如,汽车制造业领域,整车企业龙头引领作用不强,和本地零部件企业、本地零部件系统集成商与零部件供应商尚未形成稳定的供应关系,长期面向国际市场的零部件企业更倾向于服务高端车型和产品,主攻国内市场的部分零部件企业又难以满足自主品牌"高质量、低成本"的配套条件。产业布局较散,尚未形成特色集聚。宁波涉海先进制造业从业企业分布于各个区县(市)。例如,海洋工程装备制造业在宁波下辖 10 个区县(市)均有布局,其中,依托工业发展基础,余姚、慈溪、奉化、北仑等地企业数量较多,集中优势较为明显,但海曙、江北、宁海企业数量均在 10 家以下,尚未形成集聚效应。

7.5 宁波—舟山海洋中心城市的优势

《浙江省海洋经济发展"十四五"规划》明确了宁波—舟山建设海洋中心城市的路径,即充分发挥宁波国际港口城市优势,以世界一流强港建设为引领,以国家级海洋经济发展示范区为重点,坚持海洋港口、产业、城市一体化推进,支撑打造世界级临港产业集群,做强海洋产业科技创新,引育一批国际知名涉海涉港高校和科研机构,联动杭州、舟山共建海洋科技创新重点实验室,打造国际海洋港航、科研、教育中心;推动高端港航物流服务业突破发展,集聚航运金融、航运交易、海事服务、法律咨询等平台机构,提升国际影响力;加强海上丝绸之路海洋事务国际合作,挖掘海上丝绸之路中的"活化石"文化,积极参与海洋领域国际标准制定,打造国际海洋文化交流中心。

浙江海洋大学马克思主义学院副教授俞树彪认为,舟山是全国海洋资源最好的、海陆比最大的、海岛资源最多的,以及深海岸线最长的城市。

浙江海洋大学经济与管理学院副教授阳立军认为:"利用全球最大航运中心的优势,舟山可以建设全球的海洋数据中心,并通过智慧港口、智慧海洋共享服务等平台,为全球海洋业提供应急救援、海事、船舶保险、企业交流、海洋科技合作等服务。"

数据显示,宁波—舟山港 2021 年港口集装箱吞吐量为 3108 万标准箱,仅次于上海;港口货物吞吐量为 122405 万吨,位居全国首位。

中国(深圳)综合开发研究院可持续发展与海洋经济研究所执行所长安然认为,从宁波港到上海洋山港的跨海大桥建成,将会为舟山、宁波建设全球海洋中心城市带来新的契机,未来三城将会形成联动发展。

宁波—舟山港具有优越的海洋区位优势,位于我国长江发展轴和沿海发展轴交会处,是长江经济带重要的出海通道,是紧邻亚太国际主航道的重要出口,全省可规划建设万吨级以上泊位的深水岸线主要集中分布于宁波—舟山港一带,是我国建设深水港群的理想区域。此外,还拥有海岛岸线、海洋生物资源、海洋油气资源和海洋旅游四大基础优势。

7.6　相应的解决方案

浙江海洋大学全球海洋中心城市研究所所长殷文伟认为,舟山打造"全球海洋中心城市"要广泛吸取外国先进理念,建议文化建设先行。目前海洋文化的研究尚浅,并且存在与陆地文化同化的现象,独特个性也不明显。全球海洋中心城市建设可以从深挖海洋文化入手,将其与海岛文化、海边文化区分开来。

针对"全球海洋中心城市建设"人才缺失的问题,浙江海洋大学党委副书记黄建钢建议,政府可以推出相关优待政策,把全国各地退休的研究海洋的专家吸引到舟山来生活,让他们在舟山发挥余热。专家落户舟山后,舟山就可以举办大量海洋科学技术信息研讨会,并发布研究成果。当舟山成为海洋科研的聚集地,人才会纷至沓来,海洋新兴产业也会"不请自来"。

俞树彪认为,建设全球海洋中心城市的突破点还有很多。在海洋科技方面,舟山可以学习德清通过联合国地理信息总部落地,使其成为联合国地理信息中心的成功经验,尝试打造联合国海洋地理信息中心;在海洋治理方面,可以推出一系列海上治安办法或是海洋环境治理条例,建设海洋治理中心等。

《浙江日报》舟山分社副总编林上军建议,舟山打造"全球海洋中心城市",不管从什么领域入手,宣传工作一定要跟上,要向全国,乃至全球传播相关海洋信息,提升舟山的关注度。同时也可以搜集并转载国内外的海洋信息,使舟山媒体成为海洋信息的集中阵地,打造海洋媒体品牌。其他专家也普遍认为,舟山要加大宣传力度,不止媒体,每个人都应该成为宣传者。而在此之前,首先要加强当地人的海洋意识教育和海洋强国战略意义教育。

7.6.1 紧紧依靠宁波—舟山港，差异化打造世界一流港

宁波—舟山港要从自身优势做文章，对标国际国内重大港口，探索差异化的发展路径。紧抓江海联运这一优势，提高港口的规模效益，会同长江沿线城市一起对内河港口等基础设施进行提升改造，发挥宁波—舟山港快速由江出海的优势，进一步优化运输组织，促进物流降本增效，提升服务品质，做大江海联运市场。完善港铁联运体系，提高货物运输效率。对通向宁波—舟山港的货运线路进行整体规划，建设多条港铁线路，形成高效便捷的铁海体系，提高货物运输效率。提升宁波—舟山港的智慧化服务软实力。在服务外贸企业、推进贸易便利化等方面下功夫，提高服务化水平。在港口装卸装备上进行智能化改造，提高船舶服务货物装卸效率，向世界大港靠近。

7.6.2 打造现代海洋产业体系，大力发展海洋新兴产业

从宁波的海洋产业结构来看，第一产业结构较为合理，海洋第二产业的比重也比较科学，具备发展海洋新兴产业的基础。以宁波—舟山港为核心，合理布局临港产业圈，发展海洋新材料、海洋高端装备、海洋信息化装备等新兴产业，倒逼宁波—舟山港从运输港到贸易物流港再到产业科技港转型。一方面，利用宁波—舟山港的物流运输优势，引进一批国际领先的企业、项目和功能性机构，通过大型产业项目实施，全面提升临港产业发展水平；另一方面，积极探索对外合作模式，开展国际合作，支持钢铁、装备制造等临港优势产能"走出去"，积极参与"一带一路"建设，在深度融入"一带一路"建设中发展壮大。

7.6.3 打造现代海上宜居城市，探索建设海洋金融体系

宁波和舟山要组团建设、抱团发展。宁波至舟山海上高铁的建设，为两地组团建设全球海洋中心城市奠定了基础。宁波要在基础设施、教育、医疗、就业、居住等方面提高服务水平，建设具有宜居宜业的城市环境，吸引国际高端

人才。舟山要保护海洋环境。大力发展滨海旅游、海洋文化产业，吸引国际游客，提升城市知名度。此外，还要探索建设海洋金融体系，借助阿里巴巴等知名企业的全球影响力，积极吸引国内外海洋金融机构，在宁波建设海洋金融服务总部，在资金融通、货币结算、投资、保险、信托管理等方面提供完善便利的海洋金融服务。

7.6.4　抓住国家支持宁波—舟山港发展的历史机遇，提高城市知名度

随着"一带一路"建设、长三角一体化发展、中国（宁波）—东盟大宗商品贸易中心等战略的实施，宁波—舟山港的发展视角正逐步从国内转向国际，宁波—舟山港要借助海洋经济发展的新机遇，将全球海洋中心城市建设和国家战略实施结合起来，以此推动全球海洋中心城市建设。宁波—舟山港要深挖自身海洋发展优势，打造具有区域特色的海洋中心品牌，通过"一带一路"建设等国家政策，将宁波—舟山港的特色海洋品牌向全世界推广，提高城市的知名度。

7.6.5　坚持开发和保护并重

提升海洋生态保护与资源利用水平，是"十四五"时期我市港产城全面融合必须恪守的原则，也是海洋中心城市建设的应有之义。《浙江省海洋经济发展"十四五"规划》提出，要坚持开发和保护并重，增强海洋空间资源保护修复，加快历史围填海遗留问题处置；完善健全陆海污染防治体系，加强近岸海域污染治理，强化陆源污染入海防控；增强海岸带防灾减灾整体智治能力，完善全链条闭环管理的海洋灾害防御体制机制。

第 8 章

现代海洋城市

8.1　现代海洋城市的提出

2022 年 2 月 22 日，中国共产党舟山市第八次代表大会举行。展望未来，面对海洋强国、"一带一路"、长江经济带、长三角一体化发展、江海联运服务中心等一个个重大战略的叠加交融，舟山如何把握好新一轮海洋经济发展的主动权？大会提出，舟山要聚焦海洋、深耕海洋，发挥海洋资源禀赋优势，勇担建设现代海洋城市的重大使命。

无独有偶，《珠海市海洋经济发展"十四五"规划》由广东珠海市政府正式印发实施。该规划明确了珠海打造现代海洋城市的新格局、新动能、软硬实力及新使命，提出发展海洋高端装备、海洋生物、海洋新能源、海水综合利用四大海洋新兴产业。

6 月 21 日，青岛市委副书记、市长赵豪志率市直有关部门负责同志，到西海岸新区调研海洋经济发展工作。他强调，要深入贯彻落实习近平总书记关于海洋发展的系列重要论述，全面落实建设海洋强省要求，打好经略海洋攻势，聚焦海工装备、海洋生物等重点领域，突出创新发展，建设一流海洋产业集群，加快建设现代海洋城市。

8.2　现代海洋城市存在的问题

海洋生态保护和合理开发利用管理体制有待完善。由于海岸带管理涉及海洋、环保、海事、交通、文体旅游等多个部门，职责不同，在管理上造成"真空"

或重叠。

入海污染排放控制仍存在困难。《推进海洋生态保护和合理开发利用加快建设全球海洋中心城市专题调研报告》称"一是陆海污染物排放标准不统一,地表水和海水水质无法直接比对和评价,严重制约氮磷等物质的陆海联防联控;二是东山和畚下湾存在历史遗留的渔排,排放的生活污水和养殖废水影响周边海水水质,对海水养殖及休闲渔业污染的监管存在困难;三是在船舶港口污染防治方面,原港口规划中未预留船舶污染物接收储存场地,船舶污染物处置无法实现跨市全链条监管"。

海洋生态补偿与生态损害赔偿制度尚未建立,包括补偿资金来源渠道过窄、海洋资源资产评估体系不健全、海洋生态补偿较少社会资本参与,以及赔偿的实施主体、索赔途径、责任追究机制不明确等。

青岛海洋科研优势突出,但短板也很明显——与厚实的科研"家底"比起来,近年来培育出来的"海洋科技之花"并不多。"青岛在海洋基础科学研究上有突出的优势,但在应用研究上还有很大差距。"青岛科技大学雷仲敏教授在接受记者采访时表示。青岛的海洋科技支撑能力偏弱,成果转化率有待提高。以本市海洋明星企业明月海藻为例。作为一家以大型褐藻为原料提取海藻生物制品的高新技术企业,明月海藻将"一棵海藻做成一个大健康产业"。企业有着进一步做大做强产业的发展目标,但也面临着产业转化的现实难题。

"从整个终端产业的发展情况来看,我们在规模、质量、品种等方面已经达到了世界级的水平,但在产品的附加值方面,与国际上的先进企业相比,还是有一定的差距。"该公司副总裁王发合告诉记者,这主要是在高值化的应用研究上,我们还落后于国际同行,其根本原因是现行科研机制体制滞后于产业发展。

王发合介绍,一方面现有以高校、科研院所为创新主体的科研体制,缺乏研发成果市场化与商业化的基本导向,成果转化的产业应用思维不足,造成大院大所主要从事前沿性、基础性科学研究,研发成果虽然"高大上",但企业很难将科研成果落地转化;另一方面,企业在生产过程中遇到的很多技术难题,高校和科研院所又不愿或无力解决,研发成果与市场需求之间存在"两张皮"现象。

中国科学院海洋研究所研究员李鹏程表示,青岛有突出的科研和人才优势,但缺少像深圳那样的人才创新创业环境。因为人才创新创业的积极性不高,导致很多科研成果并不能真正走向市场。不少专家表示,相比青岛、天津等老牌海洋强市,无论是海洋经济规模还是人才优势并不占优势的深圳,能在全球海洋中心城市的抢位战中获得国家支持,正是其创新优势被中央看重。

推进海洋中心城市建设,其目标就是发挥城市产业要素聚合和辐射带动功能,做强区域海洋经济,提升自身海洋经济层级,带动各个门类以及周边区域海洋经济的协同发展。根据 2019 年《中国海洋经济发展统计报告》数据显示,全国沿海区域的经济发展存在差异,其中北部海洋经济圈海洋生产总值26360 亿元,比上年增长 8.1%,占全国海洋生产总值的比重为 29.5%;东部海洋经济圈海洋生产总值 26570 亿元,比上年增长 8.6%,占全国海洋生产总值的比重为 29.7%;南部海洋经济圈海洋生产总值 36486 亿元,比上年增长10.4%,占全国海洋生产总值的比重为 40.8%。南部海洋经济圈发展明显快于其他两个地区,且增速高于其他两个地区,显然,海南、深圳两地的整体带动功能是不可小觑的。而在东部海洋经济圈中,2019 年以江苏、上海、浙江为主导的东部海洋经济圈海洋生产总值 24261 亿元,扣除江苏的海洋经济数值,上海、浙江的海洋经济总值约占两地地区国内生产总值的 16.11%;而江苏则只有 8.1%,约为上海、浙江占比的一半,假如仅从沿海区域来比较,数值更低,只有上海、浙江的四分之一,可见江苏沿海地区经济发展在东部沿海地区发展中,始终处于下风。事实上,江苏省的整体经济发展一直在全国领先,与广东比肩;在东部沿海区域内,整体国内生产总值比上海、浙江省高出一倍,海洋经济的短板显而易见。如何在"十四五"发展中高质量发展、后发先至,建设国际化海洋中心城市将是推动江苏海洋经济全面发展的推进器。

8.3 国外海洋城市的发展成果

8.3.1 英国

英国作为一个历史悠久的海岛国家,一直非常重视文化遗产保护和文化事业发展,发掘海洋文化资源是其中一项重要内容。英国在保持优美的海滨风光的基础上,着重突出自身特色,造就具有地域特色的产业文化,推动着海洋文化产业向前发展。

英国的主要发展路径有三点:一是重视海洋文化产业的建设,实行严格管理。推行一些政府性的文化管理机构的改革,合并重复或相似的职能岗位,扩大管理范围,实行三级文化管理模式。准政府机构、地方艺术管委会等机构也共同参与管理建设。二是以文化城市评选活动推动滨海城市文化发展。英国积极参加"欧洲文化之都""欧洲体育之都"等文化城市评选。三是强调资源的充分利用和创意的挖掘,打造独具英国海洋文化特色的产业风格。如滨海旅游、王室生活、表演艺术、博物馆展览等,注重对历史文化资源和自然资源的保护利用,并在此基础上强调创新性发掘文化内涵,不断突破"3s"[阳光(sun)、沙滩(sand)、大海(sea)],发展有特色的滨海文化旅游。伦敦作为世界上最强的国际海事金融中心之一,其法律和金融以及政府和海事行业之间良好沟通机制的优势,为海洋产业的发展奠定了坚实的基础。一是具有完备的海洋法律体系,能够为海洋产业发展提供公开、透明的制度保障。二是伦敦国际金融中心可以为海洋产业提供完备的融资服务,促进海洋文化产业创新、集聚发展。此外,伦敦市政府与海事行业之间具有良好互动,政府不仅具有非常养全体民众的海洋观念和海洋意识,把海洋视为"生活海、生产海、生命海",在积极实施海洋开发战略的同时,大力推进海洋文化的建设,一方面,以青少年海洋教育为重点,在许多沿海地区和渔村建立了学生观光住所,从小培养国民热爱海洋、重视海洋的意识。另一方面,为实现 21 世纪世界一流海洋强国的目标,韩国政府合理设计产业发展规划,充分利用海洋资源,打造区域海洋发展特色。具体来说:一是明确区域海洋文化的发展地位,如以旅游为主导开发济州岛,将其建设为世界著名的滨海旅游胜地。二是将传统产业与创意产业相结合,主推大众流行文化。韩国将海洋文化旅游与电影、电视剧产业巧妙结合,海洋文化资源借力于此,在世界上形成了强大的吸引力。三是政府颁布了一系列保障文化发展的法律法规,先后创建了文艺振兴基金、文化产业振兴基金、电影振兴基金等多个项目,资助重点文化产业的发展,将创意产业纳入政府的发展计划中,不断加大文化产业发展力度。开放和全球化的视野,且与海洋产业从业机构、人员建立了动态、有效的沟通合作机制。

8.3.2　日本

日本作为四面环海的岛国,深知"惠于海洋,毁于海洋"。一是重视孕育海洋文化心理,重视青少年海洋文化教育,积极推动具有教育功能的航海博物馆建设,加强其与企业、科研院所、基金会及院校的合作,为青少年提供与之需求相符合的海洋文化内容,赋予博物馆时代感和亲和力。具体措施包括博物馆与当地教育部门联合举办中小学生海洋绘画展,将博物馆打造为青少年关心海洋、热爱海洋的展示舞台。展会专门设计青少年易于理解和接受的卡通形象和说明文字,开设开放式儿童活动区,以实物资源为依托,将科学性和趣味性相结合,重视海洋文化教育的互动体验、寓教于乐。二是加强海洋文化引导与转化,将海洋文化转化为开拓海洋、发展海洋、保护海洋的实际行动,促进形成海洋文化与经济发展良性循环的发展模式。

日本新潟县位于日本本州岛中部,日本海沿岸的北陆,为日本海沿岸的海路交通枢纽,拥有丰富的海洋物质及非物质文化资源。日本最早的鲑鱼博物馆三文会馆坐落于此。在三文会馆中,游客可以通过 10 处透明的观察窗,直接观察河流中的自然环境以及海洋生物产卵过程;通过文化展板、多媒体等方式,了解村上地区的鲑鱼历史和文化,通过鲑鱼公园、青砥武平治塑像等系列景观,进一步将当地历史文化与自然风光巧妙地融合在一起。

新潟县发展海洋特色文化的措施,可以概括为以下三方面:一是基于地方的自然资源和人文历史资源,开发特色文化与海洋产业。通过建设鲑鱼博物馆,使外地游客了解相关知识和地域文化特色,提升景观资源和地方的知名度,具体以展示鲑鱼文化、渔业文化、海洋文化为主,使得资源、文化与产业实现有机融合,如延伸开发与鲑鱼有关的美食、调味品、小商品等。二是重视对自然生态景观的保护性开发。新潟县十分注重自然景观的保护性开发,鲑鱼博物馆的建造完全融于周边自然景观,尽减少人为破坏,为鲑鱼洄游创造更好的条件。三是重视社会团体、行业组织和新媒体的作用,并通过行业协同搭建各种推介平台,为游客及时更新信息,方便游客实时了解动态信息和相关的历史文化背景。

8.3.3 美国

美国是濒临太平洋和大西洋的海洋大国,重视海洋强国建设,强调高层次教育和全民教育共同发展,充分利用新兴技术,组建全国性卓越海洋科学教育网。一是落实高层次海洋教育建设,高等院校开展海洋生物和生物海洋学、海洋资源管理学、海洋科学、海运、海洋工程及海洋学六大类涉海专业,且大规模加速与地球科学、大气科学、空间、地质、渔业和环境等多学科的交叉融合,提升海洋科研实力。二是注重全民海洋教育,致力于发展海洋教育的全国性、州立、私人以及非营利组织或协会。这些机构为不同年龄阶段、学习阶段的人提供各式各样的海洋科学教育计划,整体上旨在塑造强调全方面促进公众海洋意识增强、鼓励学生选择海洋科研工作、海洋科学氛围更加浓厚的海洋教育氛围,以进一步提升海洋科学文化水平。

纽约位于美国东海岸,濒临大西洋,重视海洋文化产业集聚发展。其海洋文化产业发展受益于坐落其中的帝国大厦、时代广场、华盛顿广场公园、自由女神像、埃利斯岛、康尼岛、布莱顿海滩等诸多热门景点。纽约滨海旅游娱乐业以海洋资源为基础带动其他旅游和娱乐活动,如滨海餐饮服务、酒店住宿、水上观光、水族馆、公园、游艇码头、船舶经销、休闲车船停靠场地和露营地及相关体育用品制造等。

8.3.4　韩国

韩国三面临海,其海洋国土面积约为陆地面积的 5 倍,因此,韩国十分重视对海洋的利用和开发。韩国政府制定了许多海洋强国的政策和规划,海洋文化是其中不可忽视的重要组成部分。韩国强调培养全体民众的海洋观念和海洋意识,把海洋视为"生活海、生产海、生命海",在积极实施海洋开发战略的同时,大力推进海洋文化的建设,一方面,以青少年海洋教育为重点,在许多沿海地区和渔村建立了学生观光住所,从小培养国民热爱海洋、重视海洋的意识。另一方面,为实现 21 世纪世界一流海洋强国的目标,韩国政府合理设计产业发展规划,充分利用海洋资源,打造区域海洋发展特色。具体来说:一是明确区域海洋文化的发展地位,如以旅游为主导开发济州岛,将其建设为世界著名的滨海旅游胜地。二是将传统产业与创意产业相结合,主推大众流行文化。韩国将海洋文化旅游与电影、电视剧产业巧妙结合,海洋文化资源借力于此,在世界上形成了强大的吸引力。三是政府颁布了一系列保障文化发展的法律法规,先后创建了文艺振兴基金、文化产业振兴基金、电影振兴基金等多个项目,资助重点文化产业的发展,将创意产业纳入政府的发展计划中,不断加大文化产业发展力度。

8.3.5　新加坡

新加坡四面环海,由于沿海岸线只有 3 海里的领海,本地海洋资源极为紧缺,海上交通线是新加坡最重要的海洋资源。新加坡凭借其独特的区位优势,以海洋为重要依托,成为集航运中心、世界第三大炼油中心、亚洲海工制造基地于一身的国际海事中心。新加坡高度重视城市海洋文化形象塑造,将其提升到战略高度,同时强调营造人与自然的和谐关系、提倡包容的城市文化。新加坡海洋开发和管理兼具硬实力和软实力。

一是以圣淘沙岛为代表的滨海旅游业迅速发展,使得海洋经济表现突出,政府将海洋产业与就业、教育等民生问题相挂钩,推动海洋产业发展以高科技、知识型为导向,促进本国经济和人才建设。二是建立以国立海洋生物博物馆为代表的海洋博物馆设施,强调商业娱乐与文化教育相结合,新加坡将国立海洋生物博物馆打造成全球最大的水族世界,使其兼具"观赏＋体验＋教育"三大功能,以不破坏岛屿整体生态环境为前提走"可持续发展"模式。此外,结合新加坡未来发展目标,政府斥巨资研究、设计、推广国家(城市)形象,如耗资8800万新加坡元,将100多年前新加坡外贸核心区域,现在以旧仓库为主的克拉克驳船码头改造成为市区沿河最具吸引力的娱乐场所之一。

8.3.6 澳大利亚

澳大利亚四面环海,自成大陆,其海洋战略关系到本国的生存和发展。早在20世纪90年代,澳大利亚政府将海洋文化产业发展壮大列为国家发展战略中的重要战略目标之一,并大力推进海洋文化创意产业发展,具体措施包括:一是注重普及海洋文化教育,根据不同年龄阶段和学习阶段,制订不同层次的人才培育计划,整体上提高全民海洋知识和海洋意识。二是推动海洋文化产业发展。注重充分利用自身丰富的海洋文化资源发展文化旅游业。目前,澳大利亚东海岸的悉尼、墨尔本、北昆士兰和阳光海岸、黄金海岸等城市和地区已成为其主要的海洋旅游地。澳大利亚在海洋文化旅游、文化创意、滨海旅游、休闲体育业等方面具有成熟的运行模式,在国际市场上已经形成了相当强的竞争力。三是建立健全海洋开发法律法规,基本上实现了覆盖海洋工作的方方面面。法律法规政策涵盖海洋生物多样性保护、渔业水产、近岸石油与矿产以及与海洋相关的环境保护、旅游、运输、科技等方面的内容。

参考文献

[1] 马需."一带一路"背景下青岛打造全球海洋中心城市的策略研究[J].管理学家,2021(15):5-8.

[2] 傅明燕."全球海洋中心城市"是什么怎么建[N].舟山日报,2022-01-19(3).

[3] 黄启翔,罗天铭.全球海洋中心城市定位下的深圳港口发展策略[C]//.活力城乡美好人居——2019中国城市规划年会论文集(06城市交通规划),2019:218-227.

[4] 赵鸣."十四五"江苏海洋中心城市建设与区域协调发展问题研究[J].江苏海洋大学学报(人文社会科学版),2020,18(6):11-22.

[5] 杨继涛.大连市建设绿色海洋中心城市建议[J].中国经贸导刊,2020(23):53-54.

[6] 国家发展改革委.大连沿海:建设现代海洋经济体系　创建国家海洋中心城市[J].中国经贸导刊,2020(2):23-24.

[7] 大连已确定建设"海洋中心城市"[J].中国船检,2020(4):33.

[8] 宁波市经信局.发挥涉海先进制造业支撑作用　下好打造全球海洋中心城市"先手棋"[J].宁波通讯,2021(15):37-40.

[9] 福建省人民政府发展研究中心课题组.福建省建设全球海洋中心城市的思路和建议[J].发展研究,2021,38(7):35-41.

[10] 张铭,李靖宇.关于大连创建中国北方国际海洋中心城市的战略推进构想[J].决策咨询,2021(6):79-82,86.

[11] 李德荃.国家中心城市与全球海洋中心城市:济南与青岛规划建设的新定位[J].山东国资,2020(10):62-64.

[12] 兰圣伟.融媒体时代如何做好海洋新闻宣传[J].报林,2019(Z1):67-68.

[13] 冯猜猜,胡振宇.海洋金融助力深圳全球海洋中心城市建设研究[J].特区经济,2019(9):11-15.

[14] 谢江珊.海洋经济圈成为新增长点 上海、深圳又添新目标:建全球海洋中心城市[J].建筑设计管理,2017,34(8):37-38.

[15] 傅一程.海洋新城:深圳潮汐海城[J].区域治理,2019(20):3-11.

[16] 朱坚真.地方党委领导经济工作方式方法问题研究——以湛江为例[J].湛江海洋大学学报,2003(2):79-87.

[17] 杨钒,关伟,王利,等.海洋中心城市研究与建设进展[J].海洋经济,2020,10(6):50-61.

[18] 曾刚,曹贤忠,马双.基于全球城市建设目标的上海滨海地带规划研究[J].上海城市规划,2015(1):10-14.

[19] 宁波市自然资源和规划局.加快建设海洋中心城市 全力增强大湾区核心功能[J].宁波通讯,2019(11):43-44.

[20] 晓秦.深圳加快建设全球海洋中心城市[J].宁波经济(财经视点),2019(11):16-17.

[21] 赵玉杰.加快青岛海洋科技创新 建设全球海洋中心城市[J].中共青岛市委党校 青岛行政学院学报,2021(4):116-119.

[22] 刘兴,贝竹园,张呈.加快上海全球海洋中心城市建设的思考[J].交通与港航,2021,8(6):74-78.

[23] 白雪梅.日本海事产业研究所学术报告概要[J].船舶工业技术经济信息,2000(11):30-33.

[24] 吴伟权,吕智,江红兵,等.建设北部湾区域海洋中心城市群 大力发展向海经济的若干思考[J].广西城镇建设,2019(3):10-21.

[25] 高堃,杜元伟,刘洋,等.建设全球海洋中心城市背景下天津市海洋生态经济系统协调发展预测[J].中国人口·资源与环境,2021,31(7):171-180.

[26] 秦正茂,周丽亚.借鉴新加坡经验 打造深圳全球海洋中心城市[J].特区经济,2017(10):20-23.

[27] 詹仲良.朗诚科技:"蓝色护卫"助力深圳打造全球海洋中心城市[J].中国

经贸导刊,2019(15):65-66.

[28] 马仁锋,倪欣欣,李东霖.面向全球海洋中心城市的宁波舟山港海向全球化嵌入与突破[J].浙江海洋大学学报(人文科学版),2021,38(4):1-9.

[29] 易鹤.构建和谐社会中的媒体责任[J].宁波通讯,2007(10):15.

[30] 王志文.宁波舟山打造全球海洋中心城市探讨[J].浙江经济,2020(7):60-61.

[31] 孙杨.青岛加快建设全球海洋中心城市[J].宁波经济(财经视点),2022(2):20.

[32] 季扬沁,陆瑜琦,尤仲杰.区域资源环境承载力视角下全球海洋中心城市绿色发展评价研究——以舟山市为例[J].中共宁波市委党校学报,2022,44(1):116-128.

[33] 钮钦.全球海洋中心城市:内涵特征、中国实践及建设方略[J].太平洋学报,2021,29(8):85-96.

[34] 张春宇.全球海洋中心城市的内涵与建设思路[J].海洋经济,2021,11(5):58-67.

[35] 杨明.全球海洋中心城市评选指标、评选排名与四大海洋中心城市发展概述[J].新经济,2019(10):30-34.

[36] 周乐萍.全球海洋中心城市之争[J].决策,2020(12):30-33.

[37] 张春宇.如何打造"全球海洋中心城市"[J].中国远洋海运,2017(7):52-53,9.

[38] 崔翀,古海波,宋聚生,等."全球海洋中心城市"的内涵、目标和发展策略研究——以深圳为例[J].城市发展研究,2022,29(1):66-73.

[39] 张沁,王艳.深圳发展全球海洋中心城市的优势与突围策略[J].特区经济,2021(3):13-19.

[40] 丁骋伟,陈美婷,胡振宇.深圳建设全球海洋智库的路径探析[J].海洋开发与管理,2021,38(11):83-90.

[41] 阙权鸿,文超祥,朱查松.生态位视角下创建全球海洋中心城市的策略研究——以深圳为例[J].城市建筑,2021,18(10):38-41,60.

［42］深圳市政协人资环委课题组.推进深圳全球海洋中心城市建设［J］.特区实践与理论,2020(2):70-78.

［43］李学峰,岳奇.我国全球海洋中心城市建设发展现状［J］.环渤海经济瞭望,2021(3):18-19.

［44］李琳.向海而兴,背海而衰——向海城市发展案例［J］.广西城镇建设,2019(3):42-50.

［45］鹿红.新时代加快推进大连海洋中心城市建设思考［J］.沈阳农业大学学报(社会科学版),2020,22(4):430-435.

［46］崔正昊.新时代深圳建设全球海洋中心城市的法治保障研究［J］.武汉交通职业学院学报,2021,23(3):63-68.

［47］张帅.湛江打造北部湾海洋中心城市实证研究［J］.经贸实践,2018(8):24-25.

［48］殷文伟,陈佳佳.浙江建设全球海洋中心城市:战略由来与路径探索［J］.浙江海洋大学学报(人文科学版),2021,38(1):17-22.

［49］魏路闳.鹿特丹港发展现状及对策分析［J］.港口经济,2017(5):20-23.

［50］编辑部.挪威先进的海事技术［J］.水路运输文摘,2005(1):42.